KB138810

미야지마 히로시의

양반

미야지마 히로시의 양반
– 우리가 몰랐던 양반의 실체를 찾아서

2014년 3월 10일 제1판 1쇄 인쇄
2014년 3월 17일 제1판 1쇄 발행

지은이 미야지마 히로시
옮긴이 노영구
펴낸이 이재민, 김상미

편집 이상희
디자인 달뜸창작실

종이 다올페이퍼
인쇄 천일문화사
제본 광신제책

펴낸곳 너머북스
주소 서울시 종로구 누하동 17번지 2층
전화 02)335-3366, 336-5131 팩스 02)335-5848
등록번호 제313-2007-232호

ISBN 978-89-94606-25-5 03900

너머북스와 너머학교는 좋은 서가와 학교를 꿈꾸는 출판사입니다.

미야지마 히로시의 양반

우리가 몰랐던 양반의 실체를 찾아서

미야지마 히로시 지음 | 노영구 옮김

너머북스

한국어판 _ 서문 _

내가 쓴 『양반』이 1996년 일본에서 출판되었고 한국어 번역판은 1997년에 출판되었으니 20년 가까운 세월이 지났다. 올해 초 일본에서 새롭게 전자판으로 출판되었는데, 이어서 한국어판도 다시 출판되게 되었다. 한국에 10년이면 강산도 변한다는 속담이 있는데, 이 책이 일본과 한국에서 다시 새로운 독자들을 만나게 된다는 것은 저자로서 대단히 기쁜 일이다. '양반'이라는 이 책의 주제가 지금도 현실적인 것으로 인식되기 때문이라고 생각한다.

그러면 '양반'이라는 문제가 왜 지금도 사라지지 않는가? 이 문제에 대해 간략하게 정리함으로써 재간의 말로 삼고자 한다.

'양반'이 왜 지금도 한국 사람들의 의식에 인식되는가 하는 문제를 설명하려면 '양반'의 독특한 성격을 이해하는 것이 무엇보다 중요하다. 그 독특한 성격은 두 가지 면에 잘 나타나 있는데, 첫 번째로는 양반이 되기 위해서 반드시 존재해야 하는 시조의 문제이다.

양반으로서 사회적으로 인정되려면 이 책에서도 다루었듯이, 고려시대와 조선시대에 과거에 급제해 관료가 된 인물 혹은 과거에 급제하지 않아도 그 시대의 저명한 학자로서 인정되는 사람을 시조로 하며, 그 사람의 직계후손이라는 것이 가장 핵심적인 요건이다. 여기서 중요한 것은 시조는 혈통이 아니라 개인적 능력으로 된다는 것이다.

바꿔 말하면 학문적으로 혹은 무장으로서 뛰어난 능력을 갖고 있기만 하면 누구나 시조가 될 수 있다는 이야기다. 유럽에서 귀족이 되려면 고귀한 혈통이 중요한 근거가 되는 것과 비교할 때 양반 집단의 시조가 갖고 있는 개방적 성격을 잘 이해할 수 있을 것이다.

양반의 시조가 이러한 성격을 갖기 때문에 훌륭한 사람을 시조로 삼고 그 후손들이 사회적 지위를 올리려는 움직임은 근대 이후에도 계속되었는데, 이것이 양반이라는 존재가 지금도 살아남을 수 있게 한 원인이 되었다고 생각한다.

양반의 두 번째 독특한 성격은 시조를 기점으로 해서 모든 후손이 양반이 될 자격을 가졌다는 사실이다. 중세 유럽의 귀족이나 도쿠가와 시대 일본 무사의 경우, 아들이 여럿이어도 한 명만이 아버지의 신분을 이어받을 수 있었던 데 비해 양반은 모든 아들이 양반 신분을 계승할 수 있었다. 물론 여러 가지 이유로 양반 지위에서 탈락하는 후손도 적지 않았지만, 한 사람만이 양반 지위를 이어받을 수 있는 것은 결코 아니었다.

양반이라는 지위가 이러한 특징을 가졌기에 양반 자격을 가진 사람이 증가할 수밖에 없었을 뿐만 아니라 양반 후손이라고 모칭冒稱하는 사람도 끊임없이 나타난 것이다. 이것 역시 근대 이후에도 양반 가문 출신으로 자처하는 사람이 늘어나는 요인이 되었다고 생각한다.

양반이라는 존재가 전통시대의 지배계층으로서 다른 지역의 그것과 비교할 때 이러한 독특한 성격을 갖고 있기 때문에 이른바 '양반화 현상(원래 양반이 아닌 사람이 양반이 되려고 하는 현상)'이 생기게 되었으며, 그 과정에서 많은 비극과 희극이 만들어졌다. 그 이야기도 충분히 책한 권이 되겠지만 그것은 다른 기회로 미룬다.

필자가 원래 경제사 전공이기 때문에 경제사, 사회사에 관한 서술이 이 책의 중심을 이루었다. 양반의 문제를 고찰하는 데는 이러한 문제에 못지않게 그들의 정신세계에 대한 고찰도 빼놓을 수 없지만, 이것 역시 다른 기회가 있으면 집필하고 싶은 주제이다.

이번 재간은 너머북스 이재민 대표님의 권유로 이루어졌다. 작년에 간행된『미야지마 히로시, 나의 한국사 공부』에 이어 신세를 많이 지게 되었다. 진심으로 감사의 마음을 전한다.

2014년 2월 15일

미야지마 히로시

차례__

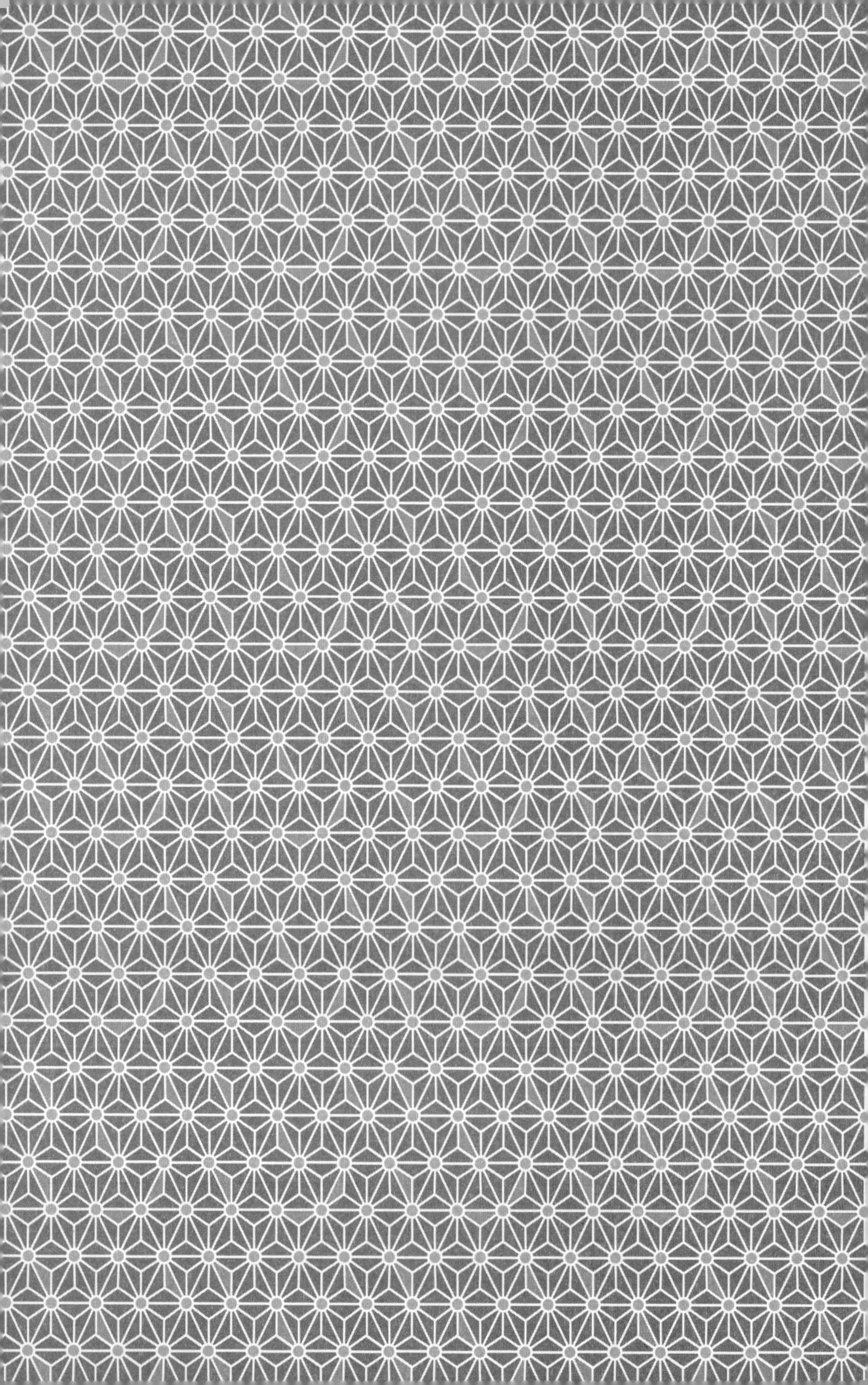

서론

현대에 살아 있는 유교적 전통

유교식으로 지내는 조상 제사

1987년의 추석날 나는 경상북도 안동을 방문하였다. 교토대학 선배이자 오랜 친구이기도 한 경희대학교 교수 김홍식 형이 그날 조상의 제사를 지낸다기에 서울에서부터 동행한 것이다.

일본에서는 춘분과 추분에 성묘하는 관습이 있는데, 한국에서도 봄에는 한식, 가을에는 추석에 조상 제사를 지내는 경우가 많고, 거기에 들이는 정성이 일본과는 비교되지 않는다. 특히 추석에는 성묘하려고 고향을 찾는 사람이 많아, 설과 함께 귀향 인파가 도로를 꽉 채운다.

우리 일행도 추석 전날 오후 다섯 시경 서울을 출발하였지만, 안동에는 추석 당일 오전 네 시경에 도착했다. 보통 서울에서 차로 세 시간

정도 거리인 안동까지 열한 시간이나 걸린 것이다.

세 시간 반 정도 눈을 붙이고 성묘에 나섰다. 김형은 경상도 의성을 본관으로 하는 의성 김씨의 일족인데, 의성 김씨는 경상도 지방의 대표적인 양반 가문에 속하는 명문이다. 서울과 안동에 거주하는 김형 일족의 성묘는, 여기저기 흩어져 있는 조상의 묘소를 분담하여 찾아가 제사를 지내고 마지막으로 김형의 조상 산소에 모두 모여 제사를 지내는 순서로 진행되었다.

나는 김형과 함께 칠대조 조상의 산소로 갔는데, 상당히 험한 산길도 있었고 길이 없는 길도 있었다. 예전에는 중요한 연료였던 땔나무가 지금은 연탄과 석유, 가스로 대체되었기 때문에 산을 이용하는 사람이 없어 산길은 차츰 사라지고 있다. 산소 가는 길도 1년에 한 번 추석에 이용될 뿐이어서 점점 글자 그대로 길 없는 길을 가지 않으면 안 될 것 같다.

조상 제사는 유교식으로 치른다. 불교식이 일반적인 일본과 가장 크게 다른 점은 산소 앞에 생선과 고기를 올리는 것이다. 유교에서는 매장을 하는데 묘지는 큰 만두 모양이고, 넓은 면적이 필요하다. 언젠가 신문 보도를 보니 한국 전 국토의 묘지 면적이 서울시 면적과 맞먹을 정도여서 국토 이용에 큰 문제가 되고 있다고 했다. 적당한 묘지를 구하기가 어려워져 앞으로는 묘지가 작아지고 간소해지겠지만, 현재 있는 묘지에 손을 대는 일은 한국인의 강한 조상 숭배 관념으로 보아 당분간 불가능할 것이다.

추석에 지내는 제사는 차례라고 하는데 4대 이내의 조상에게 제사 지낸다. 4대인 고조부 이하 증조부, 조부, 아버지의 제사는 각각의 기일忌日에 가정에서도 지내는데 이를 기제사忌祭祀라고 한다. 장남의 가계家系에 해당하는 종가宗家에서는 이 제사가 또한 큰일로, 주부는 기일 며칠 전부터 준비하느라 몹시 바쁘다. 이것이 장남과 결혼하기를 꺼리게 하는 원인이 되기도 한다.

김형 일족에게 그해의 추석은 특히 중요했다. 추석 다음 날 김형의 13대 조상인 김이성金爾聲이라는 분을 제사 지내는 사휴서당四休書堂의 신축연이 벌어졌기 때문이다. 김이성은 학자로서 이름난 김근金近(호는 오휴당五休堂)의 삼남으로 호가 사휴당四休堂이다. 김이성의 자손 중에는 일제강점기에 만주로 옮겨간 이들이 많았는데 김형의 아버지도 만주에서 자랐다고 한다.

추석의 정중한 조상 제사와 사휴서당 신축에서 드러난 조상 현창顯彰은 조상을 존경한다는 의식의 발로로 유교적 관념이 짙게 반영되어 있다. 즉 그곳에서 제사 지내는 조상은 부계父系와 연결된 사람들로 아버지, 할아버지 등 부계 조상의 배우자도 제사 대상이 되지만, 어머니와 할머니의 조상[外系]은 제사 대상이 되지 않는다. 이처럼 부계 혈연을 중시하는 조상 제사 방식은 지극히 유교적인 것이다.

그런데 여기서 주의할 점은 조상의 제사와 현창이 단순히 돌아가신 사람들만을 위한 것이 아니라 살아 있는 사람들의 사회적 지위를 현시顯示하는 행위이기도 하다는 사실이다. 결국 유교식으로 정중하게 조상을 제사 지내거나 이름난 조상을 현창하는 일은 살아 있는 자손들이 자기 일족의 유서由緖를 사회적으로 보여주는 행위인 동시에 오늘날 일족이 제사와 조상 현창을 성대히 치를 정도로 사회적 지위가 있음을 보여주는 행위이기도 하다. 결국 이러한 현실적인 의미가 있기 때문에 유교적인 조상 숭배 관념은 한국에 뿌리 깊게 계속 살아 있는 것이다.

유교적 예의 세계

중국에서 발생한 유교는 주변 지역인 한국, 일본, 베트남 등에 오랜 시간에 걸쳐 보급되었다. 이 지역을 동아시아 유교문화권이라고도 하는데, 그중에서도 한국은 유교의 영향을 가장 깊이 받았다. 일본은, 유학은 받아들였지만 유교는 받아들이지 않았다는 이야기가 있다. 그것은 유교를 학문으로나 통치자의 교양으로는 수용했지만 일상생활을 규정하는 예禮로는 수용하지 않았다는 뜻이다. 이러한 견해에는 이론異論도 있겠지만, 일본의 경우 관혼상제와 일상생활의 규범 또는 가족과 친족제도 등에서 비유교적인 면이 두드러진다. 베트남의 유교 수용도 일본과 비슷한 점이 많아서 일상생활에서는 불교의 영향이 지배적이다.

이와 반대로 한국에는 유교의 가르침이 일상생활 구석구석에 깊숙이 침투하여 오늘날까지 영향을 미치고 있다. 앞에서 서술했던 조상에 대한 관념과 조상 제사 방식은 유교의 침투를 보여주는 전형적인 예이지만 같은 현상이 가지각색으로 드러난다.

한국을 여행해본 사람은 경험했으리라 여겨지지만, 예를 들어 가게에서 물건을 살 경우 점원은 손님에게 물건과 거스름돈을 줄 때 반드시 오른손으로 건넨다. 사람에게 술을 권할 때도 반드시 오른손으로 술을 따르고, 받는 쪽도 오른손으로 잔을 받는다. 왼손으로 술을 따르거나 받는 행위는 아랫사람이라면 몰라도 윗사람에게는 절대로 하면 안 된다. 술은 아버지가 권하면 마시기도 하지만, 담배는 아버지 앞에서 피우면 절대로 안 된다.

일상적인 행동거지에서 에티켓은 어떤 의미에서는 일본인에게 매우 신선한 것이지만 한국인에게 유교는 일상적인 예의 세계를 규정하는 기본 규범이다. 유교에서 예의 기본은 '군신유의君臣有義, 부자유친父子有親, 부부유별夫婦有別, 장유유서長幼有序, 붕우유신朋友有信'이라는 오륜五倫에서 보듯이, 상대에 따라 지켜야 할 예가 다르다는 가르침에 있다고 여겨지는데, 한국인의 예의 세계는 유교의 가르침에 매우 충실하다.

한국의 가족 · 친족 제도도 중국 민족과 공통되는 면이 많아 중국 민족 안에서 형성된 유교의 가족관, 친족관과 분리할 수 없다. 조상의 제사에서 볼 수 있는 부계 혈연의 중시, 부계 혈연에 따른 동족집단의 형성과 동족 내 결혼 금지 등은 중국 민족과 공통되는 특징이다. 그러나 중국 민족의 경우 아들들이 똑같이 아버지의 피를 잇는다는 점에서 대등하다고 보지만, 한국에서는 장남을 차남 이하 아들들보다 더 중시한다.

가족 · 친족 제도의 문제는 현재의 기업을 살피는 데도 중요하다. 현대 · 삼성으로 대표되는 재벌기업에서부터 조그만 기업에 이르기까지 기업의 주요 자리를 혈연자로 채우는 것은 한국 기업의 큰 특징이다. 김형의 아버지가 창업한 K출판사도 아버지가 회장, 김형의 큰 동생이 부회장, 작은 동생이 사장인 전형적인 동족 기업의 형태인데, 이런 체제는 한국에서 무척 흔하다.

북한의 유교적 전통

한국에서는 사회 구석구석까지 유교적인 면이 짙게 나타나지만 북한에서는 유교적인 전통이 어떨까? 나는 딱 한 번 1989년 8월 말부터 9월 초에 걸쳐 열흘 남짓 북한을 방문한 적이 있는데, 그때의 식견을 토대로 억측을 진술해보겠다.

북한 체재 중 인상적인 사건으로 다음과 같은 일이 있었다. 일본인 연구자 일행이 중앙역사박물관을 방문했을 때의 일이다. 원시시대부터 현대까지의 시대 중에서 조선시대(1392~1910)의 전시 비중이 대단히 낮다고 생각되었다. 북한의 역사학계에서는 고대인 삼국시대 중에서는 고구려를, 역대의 통일왕국 중에서는 고려(936~1392)가 차지하는 지위를 크게 보는 경향이 있고, 조선시대는 중국에 대한 종속이 심화된 자주성이 약한 시대로 보아 상대적으로 낮게 평가하는 경향이 강하다.

중앙역사박물관의 전시에도 이러한 경향이 반영되었겠지만, 나는 여성 안내원에게 조선시대의 비중이 낮은 이유를 물어보았다. 안내원은 그 이유의 하나로 조선시대는 유교가 지배했으므로 현재의 북한에서는 적극적으로 평가할 가치가 없는 시대라고 했다. 그런데 우리 일행을 안내하던 주체과학연구원의 K씨가 안내원의 설명을 듣다가 유교에도 이로운 점이 있다며 유교를 변호하기 시작하였다. 그러면서 여성 안내원과 K씨 사이에 대수롭지 않은 논쟁이 벌어졌다. 두 사람은 모두 북한의 엘리트 지식인일 텐데, 이 논쟁이 북한 사회의 유교적 전통을 생각하게 하는 계기가 되었다.

이런 이야기도 들었다. 북한에서도 화장보다는 매장이 일반적이지만 정부는 화장을 장려한다는 것이다. 그리고 지금 있는 묘지도 공동묘지로 이장하라고 장려하지만, 그것에 따르는 사람이 그다지 없다는 것이다. 주체과학연구원의 어떤 분도 자신들 세대는 화장해도 상관없다고 생각하지만 아버지 세대는 화장에 대한 거부감이 강하다고 얘기했다. 이 말을 듣고 북한 사회에도 여전히 유교적 전통이 강하게 남아 있다는 것을 느꼈다. 동시에 거기에서 뭔가 인간적인 점을 느끼고 안심했던 적이 있다.

북한에 머무는 동안 일행은 평양에 있는 가톨릭성당과 프로테스탄트교회를 한 차례씩 찾았는데 가톨릭 신도들은 조상에게 제사를 지낸다고 하였다. 가톨릭은 18세기 후반 한국에 들어왔는데, 그때 가장 크게 문제된 것은 조상 제사를 지내도 되느냐는 것이었다.

결국 조상에 대한 사랑보다도 신에 대한 사랑을 더 강조하는 가톨릭의 가르침은 유교의 가르침과 근본적으로 대립하였고, 당시 유학자들은 가톨릭을 거칠게 비판하였다. 이에 전래 당시의 가톨릭은 조상 제사를 지내서는 안 된다는 태도를 보였지만 이후 차츰 견해를 바꾸어 조상 제사를 용인한 듯하다.

한편 19세기 말에 전래된 프로테스탄트는 조상 제사를 인정하지 않는 태도를 확실히 유지했는데, 이는 남한에서나 북한에서나 똑같다. 북한의 기독교도 수는 매우 제한적인 듯한데, 그중 가톨릭 신도는 조상 제사를 지낸다고 얘기하는 것으로 보아 기독교도가 아닌 사람들은 어떠한 형태로든 제사를 지낼 것으로 추측된다.

눈을 돌려 김일성 · 김정일로 이어지는 북한의 정치 체제를 살펴보자. 김일성에서 김정일로 이어지는 부자의 권력 양위를 합리화하기 위해서인지 북한에서는 1970년대 후반 이후, 특히 1980년대 들어 김일성 일가의 양친을 비롯한 조상 현창을 활발히 했다. 예를 들면 김일성의 증조부인 김응우는 1866년 미국 상선 제너럴셔먼호가 통상을 요구하며 대동강에 침입한 이른바 '셔먼호사건' 때 무력 투쟁을 지도했다고 말하는 식이다.

이렇듯 조상의 현창으로 김일성 일가가 민족해방투쟁 지도자의 혈통을 지녔다는 점을 강조했지만, 그 발상법은 한국의 유력한 동족집단의 조상 현창과 같은 것으로, 여기에도 유교적인 조상 숭배 관념이 보인다.

북한의 유교적 전통의 실태에 대해서는 불분명한 점이 많지만 유교적 생활 관습이 강하게 남아 있고 정권도 때로는 이를 이용하는 것으로 보아, 결국 유교적 전통의 문제는 남북을 불문하고 오늘날까지 살아 있다고 할 수 있다.

역사적 형성물로서 유교적 전통

그런데 오늘날에도 강인한 생명력을 유지하고 있는 유교적 전통은 사실 형성된 지 그다지 오래되지 않았다. 일상생활을 지배하는 유교적인 예가 일반 민중에게까지 보급된 것은 조선시대 후기인 18~19세기 이후의 일이다. 다시 말하면 오늘날과 같은 한국의 유교적 전통은 매우 오랜 시간이 흐른 뒤 형성되었다고 할 수 있다.

한국에 유교가 전래된 것은 고대인 삼국시대까지 거슬러 올라간다. 삼국 중에서도 특히 일찍이 발전한 고구려에서는 4세기 후반에 이미 유교 교육기관인 태학太學이 설립되었다.

삼국을 통일한 신라에서도 통일 직후인 682년에는 국학國學이 설치되었고, 788년에는 관리채용 시험제도인 독서삼품과가 설치되었는데, 이 시험에서는 유교 고전 지식을 평가하였다. 통일신라시대에는 당나라에 유학한 사람도 많았는데, 그중 당나라의 과거에 합격해 관료가 된 사람까지 있었다.

통일신라를 계승한 고려왕조시대에도 유학은 관료들이 갖추어야

개성에 있는 성균관 유적 고려시대 국자감의 후신으로 현재는 고려박물관이 되었다.

할 지식으로 중시되었다. 958년에는 과거제도가 제정되었는데, 명경과에서는 유교 고전 지식을 평가하였다. 유교 교육기관으로는 중앙에 국자감, 지방에 향학을 설치했다. 중앙의 국자감은 1304년 성균관으로 개칭되었는데, 북한 영토인 고려의 수도 개성에 있는 성균관 유적지는 현재 고려박물관으로 이용되고 있다.

이와 같이 유교는 삼국시대부터 고려시대에 걸쳐 국가적인 장려책이 강구되었지만 그것은 주로 관료층과 지식인의 교양으로 유교가 중시되었기 때문이다. 오히려 과거시험에서는 유교 고전에 대한 이해보다 한문 작문력을 더 중시했다. 그리고 위로는 국왕에서부터 아래로는 서민에 이르기까지 일상생활에서 압도적인 영향력을 지녔던 것은 불교와 풍수사상(한민족의 전통적인 샤머니즘 신앙에 도교적 요소를 가미한 것)이었고, 유교의 예는 일상생활을 지배하지 못했다. 특히 불교는 통일신라와 고려 두 왕조에서 극진히 보호되고 장려되어 국교적國敎的인 지위를 차지했다.

이러한 유교의 상태는 14세기 들어 주자학朱子學이 본격적으로 수용되면서 변화했다. 중국 송대에 주자朱子가 완성한 새로운 유학인 주자학은 1290년 원나라에 갔던 안향安珦이 한국에 들여왔다. 주자학은 그 이전의 유교와 비교하면 철학적으로도 매우 정치하면서 정치사상론과 인간수양론 등도 아울러 갖춘 체계적인 사상이었다.

주자학이 전래됨으로써 한국에도 주자학을 익힌 신진관료가 출현하기 시작했다. 그들은 국교적 지위에 있던 불교를 격렬히 비판하고, 국가 체제를 주자학적 이념에 따르게 하려고 시도하였다. 오랜 기간 국가의 극진한 보호를 받아온 불교는 이미 창조적 발전력을 잃어버렸을 뿐 아니라 특권적 지위를 이용해 넓은 토지와 많은 노비를 소유하는 등 여러 가지 사회적 폐해를 일으켰는데, 주자학자들은 이 점을 공격한 것이다.

고려는 13세기 중반 이후 약 100년간 원나라의 지배를 받았는데, 14세기 중엽 힘이 쇠퇴한 원의 지배에서 벗어나려는 움직임이 활발해졌다. 그리고 중국에 명나라가 세워져 원의 세력을 북방으로 내쫓자 고려 내부에서는 친명파와 친원파가 대립했는데, 주자학자들은 친명파에 가담하였다. 친명파의 중심인물은 무장武將으로 두각을 나타낸 이성계李成桂였으며, 그의 주위에는 주자학자들이 많이 모이게 된다.

당시 주자학자 사이에서는 고려왕조에 대한 태도에서 두 가지 조류가 대립했다. 하나는 주자학에 따른 체제 개혁으로 고려왕조 체제의 재건을 지향하는 조류였고, 다른 하나는 고려왕조의 천명이 다했다고 보아 주자학적 이념에 따라 새로운 왕조의 수립을 지향하는 조류였다. 전자를 대표하는 이가 정몽주鄭夢周였고, 후자의 대표는 정도전鄭道傳이었다. 결국 후자가 세력을 얻어 1392년 이성계가 국왕의 지위에 오르니 여기서 조선이라는 왕조가 새로이 탄생한 것이다.

정몽주는 갈수록 힘이 강해지는 이성계를 제거하려다 실패한 뒤 조선 건국 직전 도리어 이성계의 아들 이방원李芳遠(나중에 태종)의 문객門客에게 피살되었다. 그가 죽은 개성의 선죽교는 옛 성균관 유적 바로 근처에 있는데, 그를 기리는 비석이 지금도 남아 있다. 정몽주는 조선 건국 이후에도 두 왕조를 섬기지 않은 충신으로 존경받았고, 나중에 주자학의 보급에 큰 역할을 한 사림파士林派의 주자학자들은 학문의 연원을 정몽주에 두었다.

고려가 멸망하고 조선이 성립됨으로써 주자학은 불교를 대신하여 국교적인 지위에 올랐다. 그리고 정도전을 비롯한 주자학자들은 높은 관직에 올라 주자학적 이념에 따른 국가 체제 정비를 정력적으로 진행했다.

정도전은 새로운 국가의 체제를 『조선경국전朝鮮經國典』이라는 책에서 그렸는데, 그 구상의 기초를 유교 고전 중 하나인 『주례周禮』에서 찾았다. 『조선경국전』에 나타난 그의 국가 구상은 15세기 후반에 완성되었고, 조선시대를 통해 가장 기본적인 법전이 된 『경국대전經國大

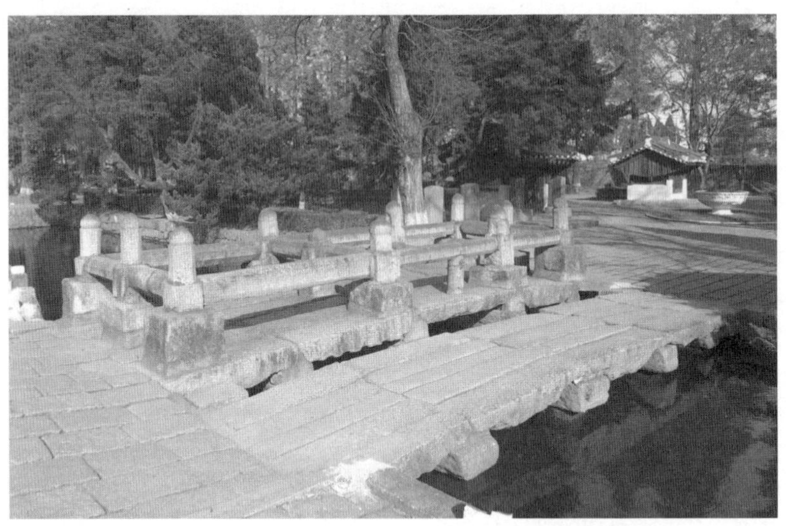

개성의 선죽교 이성계의 새로운 왕조 수립에 반대한 정몽주가 이곳에서 피살되었다.

典』에서 계승되었다.

이처럼 조선의 성립과 함께 주자학은 통치의 기본이념으로 중시되었지만, 여기서 주의할 점은 그렇다고 해서 조선 사회가 즉각 주자학 일색으로 변했을 리는 없다는 것이다. 분명 국가의 통치 이념은 주자학에서 찾았지만, 주자학이 일상생활을 지배하는 규범으로 정착된 것은 오랜 시간이 흐른 뒤의 일이다.

유교적인 예는 18~19세기 들어 사회에 깊숙이 침투했으니, 말하자면 조선시대 500년이란 긴 시간을 거치면서 비로소 유교가 전면적으로 수용된 것이다.

이 책은 조선시대 유교의 침투 과정을 분명히 하고 아울러 그 속에서 형성되어온 유교적 전통을 고찰하는 데 목적이 있다. 이 두 가지 문제를 해명하는 일은, 왜 한국에서는 유교를 일본과 베트남보다 더 깊이 수용하였는지 해명하는 것과 관련된다. 이것은 바꾸어 말하면 한국 전통 사회의 특징을 이해하는 일도 된다.

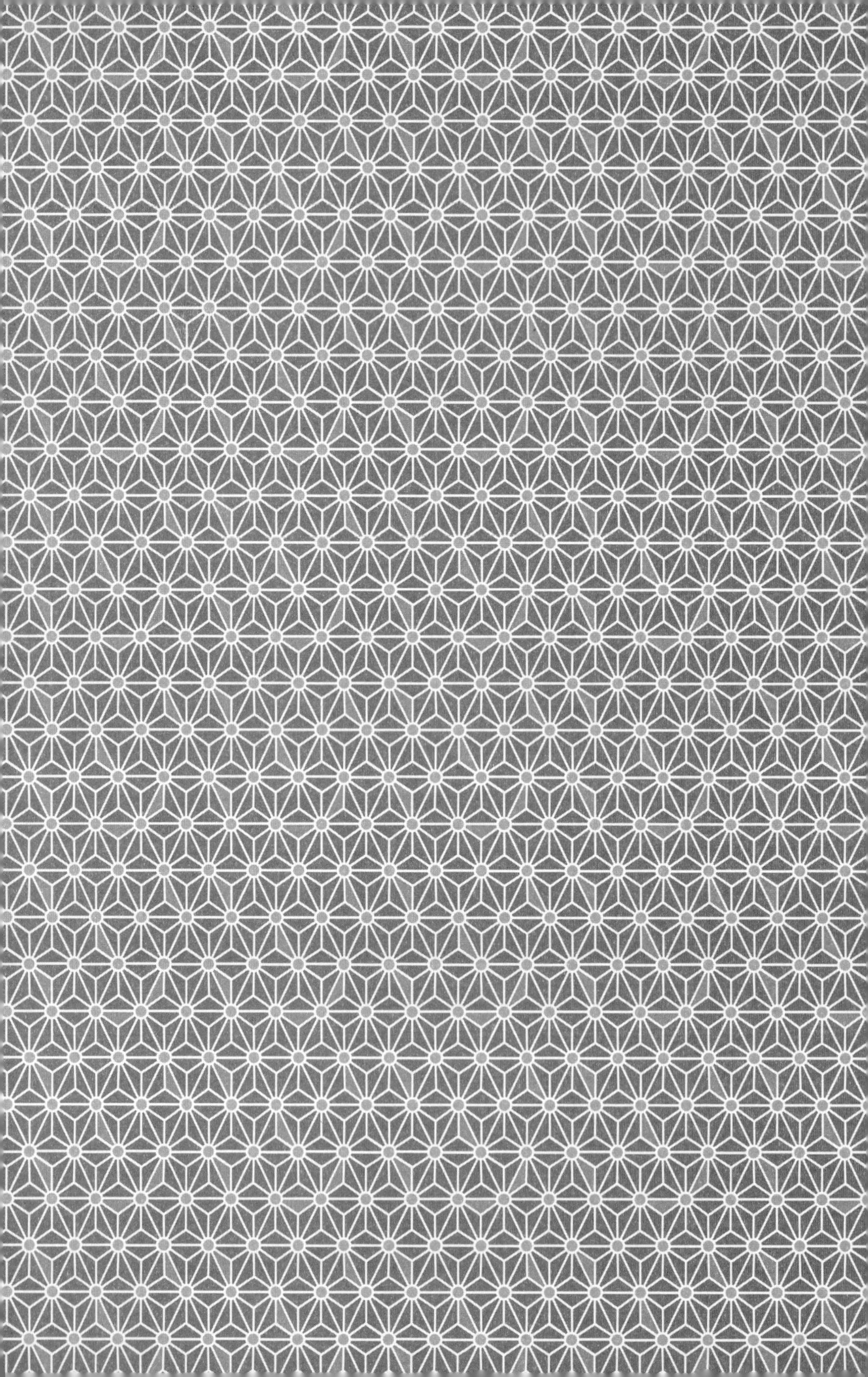

1

양반-주자학의 담당자들

양반이란 무엇인가

한국에서 주자학의 수용을 담당한 사람들은 양반이라 불리는 계층이다. 그러므로 이 책에서도 양반 계층에 초점을 맞추어 이야기를 진행하겠는데, 사실 양반이라는 사람들이 어떤 사람들인지 한마디로 얘기하기는 대단히 어렵다.

사회인류학자 나카네 치에中根千枝 선생이 근무처 동료로 있을 때다. 어느 날 나카네 선생과 엘리베이터를 함께 탔는데, 선생이 '양반의 정의는 무엇인가'라고 물었다. 순간 답변이 궁했던 나는 아들이 어릴 때 읽어주었던 동화 『숲 저쪽에는 무엇이 있을까』의 마지막 구절이 떠올라 "한마디로는 말할 수 없군요"라고 답했던 것을 지금도 똑똑히 기억하고 있다. 이는 내 불학不學의 소치지만 양반이란 무엇인가라는 물음에 대한 답은 그리 간단한 것이 아니다.

지금 내 곁에 있는 『민중엣센스한일사전』(야스타 요시미安田吉實 · 손낙범 공편)의 '양반' 항목을 보면 그 의미로 다음 네 가지가 나온다.

(1) [史] (身分) 兩班

(2) [史] (東西班) 東班(文官의 班列)과 西班(武官의 班列)

(3) 예의 바른 선량한 사람

(4) 부인이 제3자에 대하여 자신의 남편을 가리켜 하는 말

이런 네 가지 말뜻 중 양반의 개념을 가장 좁게 받아들인 것은 (2)이고, 그 뒤를 잇는 것이 (1)이다. 역사적으로 중요한 것이 (1)과 (2) 두 가지 개념인데, 이 책에서 사용하는 양반은 주로 (1)의 의미다. (3)은 일본어 경칭인 '상さん'이나 이분, 저분이라고 할 때의 '가타方'에 가까운 뉘앙스를 풍기는 단어이고, (4)는 '우리 집 남편'이라는 의미로 사용된다. 그러므로 (3)과 (4)의 의미로 사용되는 양반은 보통명사화되어 (1)과 (2)보다 매우 넓은 개념이다.

양반은 본래 조정에서 의식儀式 등이 치러질 때 참석하는 현직 관료들을 총칭하는 말이었다. 고려 · 조선 시대에 걸쳐 국왕은 중국 역대 왕조의 황제를 모방하여 의식 등에서 남쪽을 보고[南面] 관료들을 대했는데, 국왕을 향해 오른쪽, 즉 동쪽에 문관이 늘어서고 왼쪽, 즉 서쪽에 무관이 늘어서는 것이 관례였다.

양반의 반班은 열列의 의미인데, 양반은 두 가지 열, 즉 문관이 늘어

서는 동반과 무관이 늘어서는 서반의 총칭이었던 것이다. 위 사전의 (2) 항목이 본래의 양반 개념에 해당하는 것이다.

양반이라는 말은 (2)의 의미로 고려시대부터 사용되었는데, 이 정의는 명확하고 흠잡을 데가 없다. 그러나 '양반'이라는 말뜻의 사전 배열 순서에서도 추측되듯이 양반의 가장 중요한 말뜻은 (1)의 의미로 사용되는 것이다. 그런데 양반을 (1)의 의미로 정의하는 것은 매우 곤란한 일이다. 조선시대 양반 연구자로 저명한 송준호 교수는 명저『조선사회사연구』(일조각, 1987)에서 양반을 정의하기가 곤란함을 다음과 같이 서술하였다.

> 조선시대에 한 특권층으로 존재하였던 양반에 관하여 그 개념을 정확하게 규정한다는 것은 매우 어려운 일이다. 그러나 여기서 한 가지 분명히 말할 수 있는 것은 그것이 법제적인 절차를 통해서 제정된 계층이 아니라 사회관습을 통해서 형성된 계층이요, 따라서 양반과 비양반의 한계기준이 매우 상대적이요 주관적인 것이었다는 사실이다. 조선시대의 사회 계층을 논할 때 경계해야 할 점의 하나는 그것을 저 중세 유럽이나 도쿠가와德川기의 일본에 존재하던 계급 제도와 비슷한 것으로 착각해서는 안 된다는 점이다. 예컨대 도쿠가와 기期의 일본 사회에 있었던 사농공상士農工商의 구별은 어디까지나 법제에 의한, 따라서 강제성을 띤 것이었지만 조선시대의 사농공상은(공상의 경우는 예외가 되지만) 그러한 것이 아니었다.

그러나 양반과 비양반의 한계 기준이 상대적이요 주관적이었다고 해서 그것이 애매한 것이었다고 생각한다면 이는 잘못이다. 실제에서는 지극히 명확한 기준이 있었다. 다만 그 기준은 성문화된 그리고 언제 어디에서나 적용될 수 있는 객관적인 것이 아니라, 주어진 상황에 따라 변경 설정되는, 즉 어느 특정한 지역의 특정한 상황하에서 관련된 사람들의 의식구조상에 설정되는 주관적이고도 상대적인 기준이었다(37쪽).

여기에서 송 교수가 서술하였듯이 사회 계층으로서 양반은, 한편으로는 법제적으로 확정된 것이 아니라 사회 관습을 통해 형성된 상대적 · 주관적인 계층이면서 다른 한편으로는 지극히 명확한 기준에 따라 획정된 계층으로도 존재했다.

사회 계층으로서의 양반

그러면 사회 계층상 양반이려면 어떤 자격이 필요했을까? 이 문제를 생각하려면 우선 양반 계층을 크게 둘로 나누어보는 것이 좋다. 양반에는 수도인 서울이나 그 주변에 대대로 거주하는 사람과 지방의 농촌에 거주하는 사람 두 유형이 있었다. 전자를 재경양반在京兩班 또는 경반京班이라 하였고, 후자를 재지양반在地兩班 또는 향반鄕班이라 하였다.

재경양반은 양반층 중에서도 명문에 속하는 가계가 많다. 그들은 서울과 그 주변 지역에 대대로 거처를 정하여 과거 합격자를 많이 배출했고 정부의 고위 관직에 오른 사람도 많았다. 조선의 왕족인 전주 이씨全州李氏와 파평 윤씨坡平尹氏, 안동 김씨安東金氏, 풍양 조씨豊壤趙氏 등이 이에 해당한다. 이李라든가 윤尹이라고 하는, 성의 앞에 붙어 있는 것은 본관本貫, 즉 조상의 출신지다.

한편 전주 이씨나 안동 김씨 같은 대표적인 양반 가계라 하더라도 모두 재경양반층에 속한 것은 아니었다. 재경양반으로서 위세를 유지했던 가계는 전주 이씨나 안동 김씨 중에서도 특정한 파派였고, 재지양반층으로 농촌 지역에 거주하는 가계도 다수 있었다.

재경양반층 사이에는 중앙정부의 권력 변동에 따른 세력의 성쇠盛衰가 있었지만, 그들 가계는 근본이 분명했다. 더구나 대대로 관료를 많이 배출했기 때문에 사회적으로 특권 계층인 양반 신분에 속하는 것으로 쉽게 인지되었다. 이에 비해 재지양반층은 본연의 상태가 재경양반층과는 크게 달랐다. 앞서 소개한 송 교수가 지적한 양반 계층 기준 설정의 곤란함도 주로 재지양반층을 가리킨 것이다.

그렇다면 재지양반층은 어떤 존재였을까? 재지양반에 속하는가, 속하지 않는가는 송 교수가 말한 바와 같이 어디에서라도 통용되는 객관적 기준으로는 판정할 수 없다. 하지만 다음의 여러 조건을 충족하느냐가 재지양반으로 인식되는 기준이었다.

(1) 과거 합격자 또는 과거에 합격하지는 않았지만 당대를 대표하

는 저명한 학자를 조상으로 모시며 그 조상으로부터의 계보 관계가 명확할 것

(2) 여러 대에 걸쳐 동일한 집락集落에 집단적으로 거주할 것. 이런 대대의 거주지를 세거지世居地라고 하는데, 세거지에서는 일반적으로 양반 가문이 동족집단을 형성하고 있다.

(3) 양반의 생활양식을 보존할 것. 양반의 생활양식이란 조상 제사와 손님에 대한 접대를 정중히 행하는(봉제사奉祭祀, 접빈객接賓客) 동시에 일상적으로는 학문에 힘쓰고 자기 수양을 쌓는 것이다.

(4) 대대의 결혼 상대, 즉 혼족婚族도 (1)에서 (3)의 요건을 충족하는 집단에서 고를 것

각각의 조건에 대해 보충 설명을 약간 하겠다. 먼저 과거 합격자에 대해서인데, 과거에는 문과와 무과, 잡과 세 종류가 있었다. 문관을 선발하는 것이 문과, 무관을 선발하는 것이 무과이고, 마지막으로 잡과는 특수한 지식, 예를 들면 의학과 천문학, 외국어인 중국어, 일본어 등의 지식을 가진 사람을 선발하기 위한 시험이다. 잡과 합격자를 많이 배출했던 것은 중인中人 계층인데, 그들은 사회 신분상 양반과 양인良人의 중간에 있었다.

양반 계층이 되려면 직계 조상으로 문과나 무과 합격자가 있어야 했지만 문과 합격자가 압도적으로 중시되었고 무과 합격자의 사회적 지위는 낮았다.

문과 시험은 3년에 한 차례 치러졌는데, 한 회의 합격자가 서른세

명인 좁은 문이었다. 또 2~3년에 한 차례 치르는 문과 시험(이를 식년 문과式年文科라고 한다) 외에도 여러 가지 명목의 임시 문과가 실시된 적도 있었다. 특히 조선조에서도 후대로 갈수록 임시 문과가 많이 실시되었다.

(1)의 조건에 있듯이 과거 합격자가 없어도 고명한 학자를 조상으로 둔 일족이면 양반 자격을 인정받았던 것은 주목할 만하다. 조선시대에는 유학을 배워 조예가 깊으면서도 과거에 응하지 않는 사람들이 있었다. 이런 사람들을 보통 산림山林이라 했는데, 산림 중에서도 특히 저명한 학자는 문과 합격자에 필적하는 사회적 지위를 인정받았다.

(2)의 조건과 관련해 주목해야 할 것은 재지양반인가 아닌가는 개인을 단위로 결정되는 것이 아니라 반드시 특정한 혈연집단을 단위로 결정된다는 점이다. 즉 조상 중 어느 정도 저명한 인물이 있다 해도 세거지를 이탈하여 단독으로 거주하는 가족과 개인은 그 거주지에서 재지양반으로서 사회적 인지를 받는 것이 불가능하다.

뒤에 보겠지만 한국의 집락 중 적게 계산해도 5분의 1은 동족집락이었는데, 동족집락의 많은 부분은 재지양반층에 속하는 동족집단이 형성한 것이다. 이런 현상이 나타나는 것은 재지양반층이 동족집단으로 존재해야만 사회적 인지를 쉽게 받을 수 있었기 때문이다.

(4)의 인척관계도 양반층의 존재 방식을 고찰하는 데는 매우 중요한 문제다. 양반끼리 혼인을 맺는 것이 원칙이었는데, 같은 양반층 사이에도 격格의 차이가 있었다. 즉 위로는 전국적으로도 저명한 재지

양반 가계에서부터 아래로는 거주지를 중심으로 한 좁은 지방에서만 사회적 인지를 받았던 재지양반 가계에 이르기까지 몇 가지 격이 있었던 것이다. 이런 양반으로서의 격식을 반격班格이라 하는데, 혼인관계를 맺을 때는 이 반격까지도 같은 집단을 선택하는 것이 이상적이었다.

이처럼 어떤 가계와 인척관계를 맺고 있느냐가 한 가계의 사회적 지위와 밀접하게 관련되어 있기 때문에 하위 반격의 가계는 더 상위의 가계와 인척관계를 맺으려 하였다.

반대로 상위 반격의 가계가 경제적으로 부유한 하위 반격의 가계와 혼인하는 경우도 있어서 혼인관계는 양반 계층의 신분적 폐쇄성을 강화하는 측면과 반대로 양반 계층 간의 반격 유동화의 계기가 되는 측면을 동시에 가지고 있었다.

앞에서 든 (1)부터 (4)까지의 요건을 완전히 충족하면 재지양반으로 사회적 인지를 얻는 데는 충분했지만, 실제로 그런 집단은 많지 않았으므로 재지양반인가 아닌가의 판단은 상황에 따라 유동적이었다.

그런데 재지양반층의 정의가 이처럼 곤란한 것은 이 계층이 국가주도로 국가 정책에 따라 형성된 것이 아니라는 점과 관련이 있다. 바꾸어 말하면 재지양반 계층은 일종의 사회적 운동으로서 형성되었고, 널리 농촌지역에서 사회적으로 형성되었다는 점이 중요하다. 왜냐하면 재경양반층은 서울이나 그 주변 지역에 거주했을 뿐이므로 국가의 중추 권력을 장악하기는 했지만, 사회 전체로 본다면 한 줌의 특권 집단에 지나지 않았기 때문이다.

한국 전통 사회의 여러 가지 특징을 고찰하려면 전국적으로 넓게 분포된 재지양반층에 초점을 맞추는 것이 무엇보다 중요하다. 서론에서 서술한 바 있는, 오늘날까지 살아 있는 유교적 전통과 친족·가족 제도의 존재 방식 등도 재지양반층의 형성과 따로 떼어서 생각할 수 없다.

재지양반층의 형성이 한국 전통 사회의 존재 방식을 특징지었다는 것은 같은 시기의 중국이나 일본과 비교해도 분명하다. 조선의 양반층이 지배 엘리트였다는 점에서는 중국 명·청조의 사대부층과 근세 일본의 무사층에 비견되지만, 중국의 사대부층은 명에서 청대에 걸쳐 점차 향거鄕居(농촌 거주)에서 성거城居(도시 거주)로 존재 형태가 변하고 있었다. 일본의 무사층도 마찬가지였는데 중세에는 농촌 거주자였던 무사들이 근세가 되자 성하정(조우카마치城下町, 성 아래의 마을)에 집주하게 되었다.

이와 달리 조선의 경우 문자 그대로 농촌에 거주하는 재지양반층이 사회적으로 널리 있었는데, 이러한 사실이 조선 사회의 존재 방식에 결정적인 영향을 끼쳤다고 여겨진다. 농촌 거주자로서 재지양반층의 존재는 영국의 젠트리Gentry층과 비교될지도 모른다.

그런데 양반 계층이 되기 위한 자격 요건이 제도적·객관적인 것이 아닌 점과 관련하여 한 가지 부가해두고 싶은 것은 양반 지향화兩班志向化의 문제다.

즉 양반이 결코 생득적生得的인 신분이 아니었을 뿐 아니라 양반에 대한 객관적 기준이 없었기 때문에 하위 계층에서 양반 계층으로 상승하고자 하는 움직임이 필연적이었다는 것이다.

이런 양반 지향 현상은 양반, 특히 재지양반의 존재 방식에서 유래하는 것으로, 조선 후기의 사회 변동을 고찰하는 데 지극히 중요한 문제다. 이 책에서는 8장에서 이 문제에 대해 언급한다.

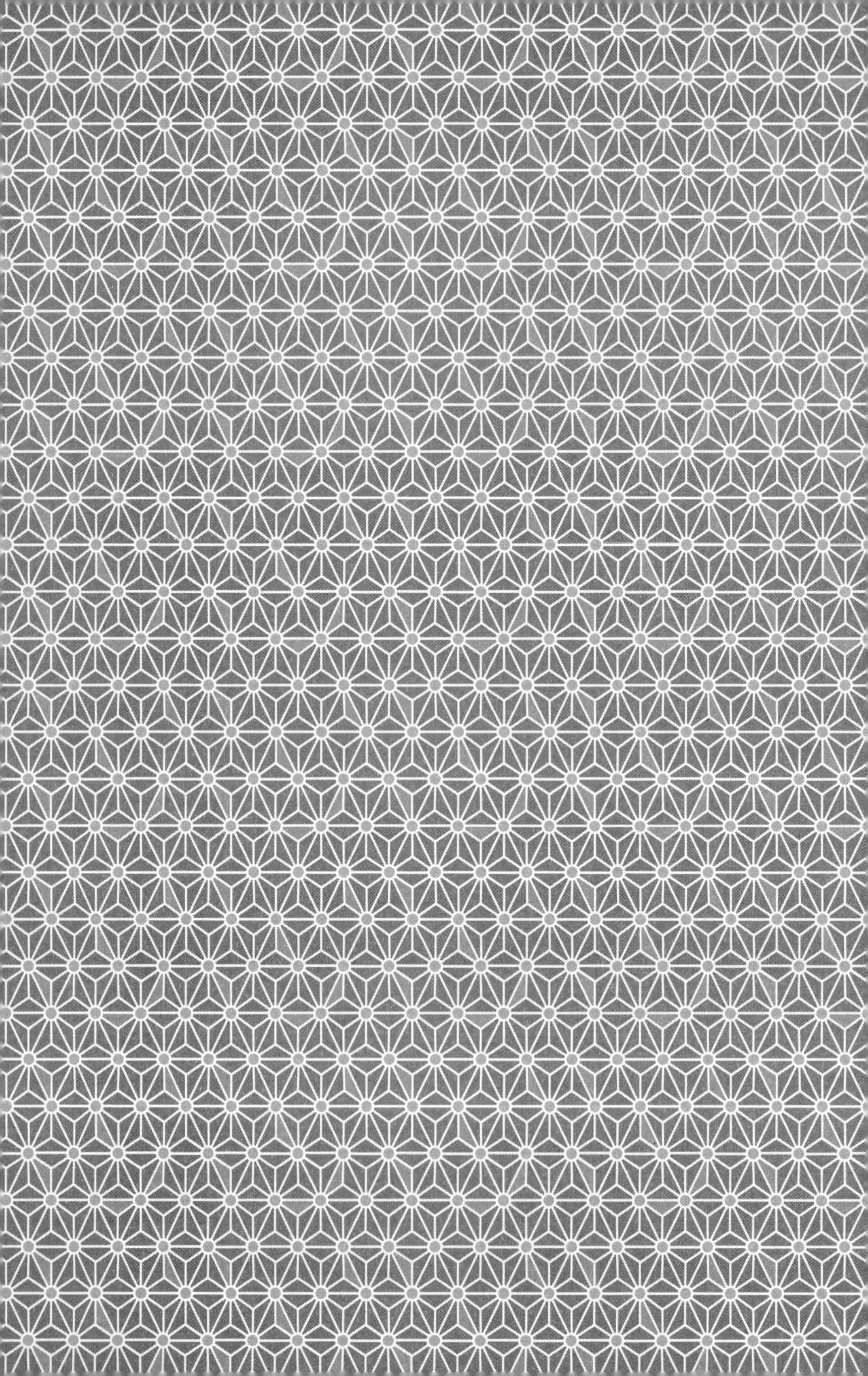

2

재지양반층의 형성 과정

안동 권씨에 대하여

재지양반층의 형성 과정을 구체적으로 살펴보기 위해 여기서는 안동 권씨라는 동족집단에 속한 권벌權橃이라는 사람의 일족을 예로 들겠다. 권벌 일족의 이야기를 하기 전에 먼저 안동 권씨에 대해 설명하겠다.

안동 권씨라고 할 경우 권權이 이 일족에 공통되는 성이다. 한국인의 성은 한자漢字 한 자의 성이 압도적으로 많지만 그중에는 남궁南宮이라든가 황보皇甫처럼 한자가 두 자 이상인 복성複姓도 있다.

1985년에 실시한 한국의 센서스에 따르면, 한국에는 현재 성이 275종 있다고 한다. 일본의 성 숫자에 비하면 대단히 적은 숫자다. 275종 가운데 권이라는 성은 인구수에서 열다섯 번째로 많고, 1985

년 시점에서는 한국에서 56만 7,990명이 권을 성으로 쓰고 있다. 덧붙여 말하면 인구수가 많은 상위 3대 성은 김金(878만 5,341명), 이李(598만 5,056명), 박朴(343만 5,858명)이다. 한국의 총인구수가 4,041만 9,652명이므로 한국인 4.6명당 한 사람이 김씨고, 상위 세 성만으로도 전체의 45%를 차지한다는 계산이 나온다.

권씨 앞에 붙어 있는 안동은 지명인데, 조상의 출신지를 표시한다. 이를 본관이라고 하지만 간단히 본本이라고 하는 경우도 있다. 권이라는 성이 같은 것만으로는 동족으로 간주될 수 없으며, 본관도 같아야 동족으로 인식된다. 권씨는 본관을 달리하는 열한 개 집단으로 분화되어 있는데 안동 권씨는 55만 8,793명으로, 권을 성으로 하는 사람들 중 압도적인 다수를 차지한다. 안동 권씨에 이어 많은 것은 안동의 서쪽에 있는 예천을 본관으로 하는 예천 권씨로 5,275명이 이 일족에 속한다.

동성동본同姓同本, 즉 성도 본관도 같은 집단을 동족집단同族集團이라 해서 동족 간에는 결혼할 수 없게 되어 있다. 그러나 성은 같아도 본관이 다른 동성이본同姓異本은 결혼 회피 의식이 약해 안동 권씨와 예천 권씨 사이에 결혼한 예도 종종 보인다. 1985년의 센서스에 따르면, 한국에는 동성동본 집단이 3,349개 있는데, 평균하면 하나의 성이 열두 개 이본異本 집단으로 분화되어 있는 셈이다. 최대의 동성동본 집단은 김해 김씨로, 인구수는 376만 7,065명이며, 한국인 열한 명 가운데 한 사람은 김해 김씨라고 할 만하다.

동성동본끼리는 결혼할 수 없다는 것이 원칙이지만 예외도 있다.

예를 들면 강릉 최씨에는 최립지崔立之를 시조로 하는 집단과 최문환崔文漢을 시조로 하는 집단이 있는데, 이 두 집단은 동성동본이면서 동족으로는 간주되지 않는다. 남양 홍씨에도 동족이 아닌 두 집단이 포함되어 있다. 또 안동 장씨와 인동仁同 장씨는 동성이본이지만 원래 선조가 같기 때문에 양자의 결혼은 피한다.

이상이 동족집단에 관한 설명인데, 어떤 동족집단이든 어느 한 사람을 공통 조상으로 모시며 이 인물을 시조始祖라 한다. 안동 권씨는 권행權幸이란 인물을 시조로 하는 동족집단이다.

안동 권씨의 시조 권행에 대해서는 다음과 같은 사실이 역사책에 보인다. 통일신라왕조의 지배력이 쇠퇴하여 한반도에 신라, 고려, 후백제 세 나라가 정립鼎立한 후삼국시대인 930년. 반도의 통일을 노리던 고려와 후백제 사이의 자웅을 가리는 전투가 고창古昌(안동의 옛 이름)에서 벌어졌다. 이때 권행은 고려왕조의 창시자 왕건王建을 따라 고려의 승리를 위해 진력하였다. 그리고 이 공으로 왕건에게서 권이란 성을 받고 동시에 대상大相의 칭호도 받았다. 권행과 함께 왕건을 따랐던 안동의 두 인물인 김선평金宣平과 장길張吉도 각각 대광大匡, 대상의 칭호를 받아 안동 김씨, 안동 장씨의 시조가 되었다. 이들 세 시조에 대해서는 현재도 안동 시내에 있는 삼태사묘三太師廟에서 제사 지낸다.

권행과 김선평은 안동의 재지 유력자층의 일원이었다고 하지만 장길은 중국에서 건너온 인물로 생각된다. 권행과 김선평의 자손들은 고려시대에 안동 지방을 통치하는 세력으로 큰 힘을 행사했다. 고려

안동 시내의 삼태사묘 안동 김씨, 안동 권씨, 안동 장씨의 시조를 제사 지낸다.

시대에 지방 통치 임무를 담당한 재지 유력자를 이족吏族이라 하는데 안동 권씨와 안동 김씨는 안동을 대표하는 이족이었다. 한편 안동 장씨도 이족 집단의 일익을 담당했지만 그 힘은 그다지 강하지 않았던 것 같다. 그 시조의 전승傳承에서 보이는 것처럼 안동에서의 재지 기반이 다른 두 성씨보다는 원래 약했는지도 모른다.

그런데 여기서 주목할 점은 권행이 왜 안동 권씨의 시조가 되었는가 하는 것이다. 권행에게도 당연히 부친이 있었고 위로 더 올라가며 조부 · 증조부로 부계 혈통을 더듬을 수 있는데, 권행보다 선대先代로는 혈통을 소급하지 않고 권행을 시조로 삼은 데는 무엇인가 특별한 이유가 있었을 것이다.

권행의 경우 그가 처음으로 권이라는 성을 받았기 때문에 그를 시조로 삼았다고 생각할지도 모르나, 김선평과 장길은 사성賜姓한 사실이 확인되지 않기 때문에 단순히 성을 받았다는 점만으로 그가 안동 권씨의 시조가 되었다고는 보이지 않는다. 오히려 권행이 왕건을 돕고 고려의 재통일에 협력해 대상이라는 호칭을 받았다는 사실이야말로 그가 시조로 간주되는 참된 이유라고 봐야 한다.

권행처럼 동족집단의 시조가 되는 인물은 일반적으로 무언가 현저한 공적이 있는데, 이것은 동족집단이 생물학적 집단이라기보다는 사회적 집단이라는 것을 의미한다. 즉 공적을 현저히 남긴 인물을 시조로 삼음으로써 그 자손들은 그러한 그들의 사회적 위세를 표시하려고 동족집단을 형성한 것이다. 따라서 시조보다 앞선 세대는 생물학적인 유대에도 불구하고 동족집단 형성에는 아무런 의미도 가지지 못한다.

동족집단이 사회적 집단이라는 것은 동시에 그것이 역사적 형성물이라는 것을 의미한다. 안동 권씨를 예로 들면, 이 동족집단은 시조인 권행 시대에 형성된 것이 아니라 권행보다 여러 대 후에 형성되었다. 안동 권씨의 가장 오랜 족보인 『안동 권씨 성화보安東權氏成化譜』(190쪽 참조)에 따르면 권행 이후의 안동 권씨 계보는 〈그림 1〉과 같다. 권행으로부터 9대째인 권중시權仲時 대에야 비로소 한 세대에 복수의 인물이 등장한다. 권행에서 권이여權利輿에 이르는 세대는 각각 남자 한 명밖에 없는데, 이는 현실적으로 있을 수 없는 일이다. 이것이 의미하는 바는, 안동 권씨라는 동족집단은 권중시의 세대 또는 그에 가까운 이후 세대부터 형성되었다는 것이다.

결국 권중시의 세대 또는 그에 가까운 세대부터 출세한 인물이 나타나 그 인물이 자기들의 근본을 과시하려고 권행을 시조로 하는 동

〈그림 1〉 안동 권씨 세계도

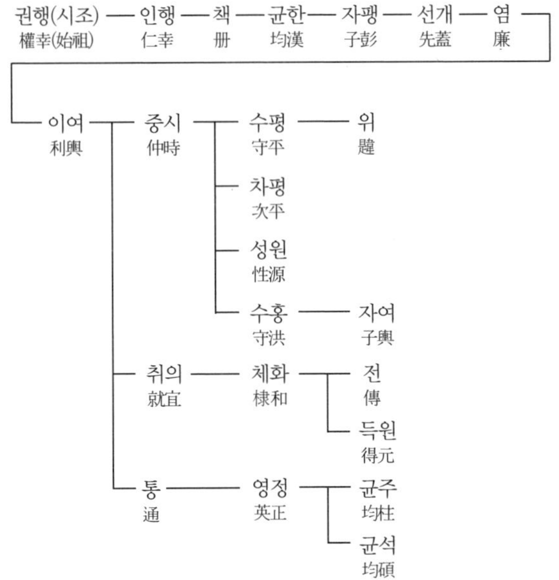

족집단을 형성한 것으로 보인다. 권행에서 권이여에 이르는 세대 중 〈그림 1〉에는 나타나지 않은 남자가 있었다 해도 그가 기록에 남지 않은 것은 이런 이유 때문이다.

동족집단이 단순히 부계 계통으로 맺어진 생물학적 · 자연적 혈연집단이 아니라 특별한 사회적 · 역사적 형성물이라고 한다면 이와 같은 동족집단의 형성을 추진한 세력은 누구였을까? 이 세력이야말로 양반층이다. 달리 말하면 양반층이 사회적으로 형성되어갈 때, 그들이 자신의 혈통을 사회적으로 과시하려고 형성한 것이 동족집단이었던 것이다. 안동 권씨의 경우 권중시의 장남인 권수평權守平이란 인물이 추밀부사樞密副使라는 중앙정부의 높은 관직에 종사했는데, 이것은 권수평이 출신 모체인 이족 계층에서 양반으로 출세하였다는 것을 의미한다. 아마 권수평의 세대에 안동 권씨로서 동족 결합이 시작되었을 것이다.

입향조
권벌

안동 권씨 중에서 권수평이 추밀부사에 오를 정도로 출세함으로써 고려 중앙정부의 관료가 되어 양반화한 것은 이미 살펴본 바와 같다. 특히 권수평의 증손 권보權溥(1262~1346)는 재상의 지위에 올랐는데 그의 다섯 아들도 모두 군君에 봉해지는 등 중앙 정계에 확고한 세력을 구축하였다. 권보는 주자의『사서집주四書集註』간행을 건의하는 등 한국 성리학(주자학)의 최초 창도자倡道者로 일컬어지는 인물이다.

권보의 증손에 해당하는 권근權近(1352~1409)도 주자학자로 유명한데, 정도전 등과 함께 조선 건국에서 중요한 역할을 담당하였다. 권수평의 동생인 권수홍權守洪의 자손 중에도 점차 중앙 관계에 진출한 인물이 나오게 되면서, 안동 권씨는 중앙 세족勢族의 지위를 확고히 다져나갔다.

이처럼 안동의 이족이었던 안동 권씨 중에서 고려 중기 이래 양반화된 가계가 나왔는데, 여기서 고려시대에 양반화된 가계는 거주지를 수도인 개성과 그 주변 지역으로 옮겨 출신지 안동과의 관계가 소원해지는 경향이 있었다는 점을 주의해야 한다. 즉 앞에서 설명한 양반층의 개념으로 말하면 재경양반화한 것이라 할 수 있는데, 이러한 경향은 재지양반층의 형성과는 직접 연결되지 않는다.

안동 권씨 중에도 재경양반화하지 않은 가계는 계속 안동의 이족으로 머물러 있었는데, 이들 가계가 재지양반층으로 형성된 것은 조선시대 들어서다. 이제부터 검토할 권벌 일족의 예는 재지양반 형성의 전형적인 사례다.

권사빈權士彬의 둘째아들인 권벌은 1478년 어머니의 출신지인 안동부 북부 도촌리道村里(현 안동시 북후면 도촌리)에서 태어났다. 그의 선조는 앞에서 말한 권수홍인데, 권수홍에서 권벌에 이르는 세계도世系圖는 〈그림 2〉와 같다. 아버지 권사빈, 조부 권곤權琨은 안동에서 살아 중앙 관직과는 관계가 없었다. 그러나 1478년에 결성된 안동 거주 유력자들의 조직인 '안동우향계安東友鄕稧'(144쪽 이하 참조)의 일원으로 권곤의 이름이 나타나는 데서 알 수 있듯이 이 일족은 안동의 재지유력자층의 일각을 담당한 것으로 보인다. 권벌의 어머니는 윤당尹塘의 딸이었는데, 윤당은 중앙 정계에서 큰 힘을 지닌 인물이었다. 이 모계의 유대가 이후 권벌의 관계官界 생활에 큰 영향을 미친다.

권벌은 어릴 적부터 총명했던 듯하다. 열 살 때 숙부 권사수權士秀와 여행 도중 기러기 무리가 나는 것을 보고 "인북거 안남비人北去雁南飛(사람은 북으로 가고 기러기는 남으로 나네)"라고 흥얼거리자 권사수가 감탄

〈그림 2〉 안동 권씨 복야공파 세계도

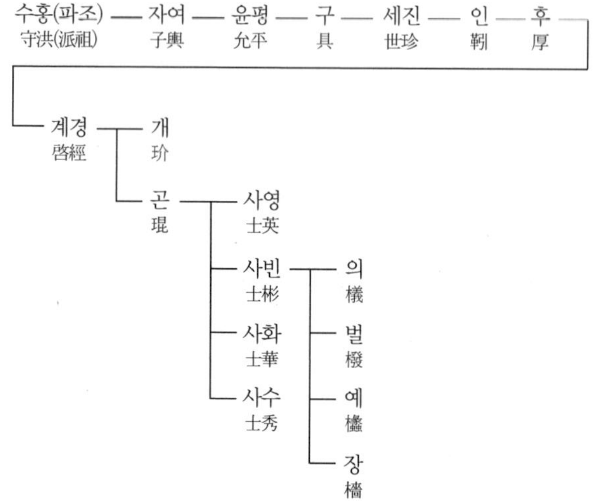

했다는 일화가 있다. 1496년 1차 과거시험인 사마시司馬試에 합격하였다. 사마시는 시험 과목에 따라 진사시와 생원시 두 종류가 있는데, 권벌은 생원시에 합격하였다. 스물두 살 되던 해에 경상도 금릉군金陵郡(지금의 김천시)의 재지 유력자 최세연崔世演의 딸과 결혼해 2남 1녀를 두었다.

1504년 최종 과거시험인 문과에 급제했지만 답안에 '처處'자를 사용했다는 이유로 합격이 취소되었다. 당시 국왕은 연산군이었는데 연산군의 난행을 간諫한 김처선金處善이 혀가 뽑혀 처형된 사건이 있었다. 이 사건 이후 연산군은 '처, 선善' 두 글자를 사용하지 말라고 명령했는데 권벌의 답안은 이 금령禁令에 거슬렸던 것이다. 권벌이 이

금령을 알면서도 굳이 연산군의 폭거에 항의하는 의미로 '처'자를 썼는지, 그것과는 무관하게 잘못 사용했는지 상세한 것은 알 수 없지만, 전자였을 것으로 본다.

이 사건에서도 알 수 있듯이 폭정을 하던 연산군은 1506년 쿠데타로 왕위에서 쫓겨나고 중종이 즉위하였다. 이 쿠데타를 중종반정中宗反正이라 한다. 조선 역대 국왕 중 쿠데타로 지위에서 쫓겨나 왕위를 박탈당한 사람은 연산군과 17세기의 광해군 두 사람이다. 두 사람 모두 시호諡號에 군君자가 부여된 것은 이 때문이다.

이와 같은 중앙 정계의 움직임과 관계되었을 텐데, 권벌은 1507년 문과에 급제해 관료의 길을 걷기 시작하였다. 당초 관계官界에서 그의 행보는 순조로웠던 듯한데, 거기에는 어머니 일족인 윤씨의 영향력도 크게 작용했던 것으로 보인다. 그의 경력을 보면 당시 삼사三司로 총칭되던 사간원司諫院, 사헌부司憲府, 홍문관弘文館의 관직을 두루 거치는 점이 눈에 띈다. 삼사의 관원은 언관言官이라 했는데, 정책과 인사人事에 관한 의견을 자유롭게 진술하는 것이 임무였다. 언관직에는 학식이 풍부한 사람이 임명되었으며 그 지위를 누리는 것은 대단한 명예였다. 1519년에는 권벌이 애독하던 주자의 『근사록近思錄』을 국왕에게서 하사받았다. 국왕에게서 하사받은 서적을 선사본宣賜本이라고 하는데, 이 선사본 『근사록』은 현재도 권벌의 종손가宗孫家에 소장되어 있다.

그런데 중종 시대(1506~1544) 중앙 정계에서는 조광조를 중심으로 한 신진관료들이 주자학적 이념에 따른 덕치정치德治政治를 실현하기 위해 개혁을 적극적으로 추진 중이었다. 조광조로 대표되는 신진세력을 사림파라고 하는데 이에 대립한 것이 훈구파勳舊派라 불리는 세력이었다. 조선 건국 때 공신 자손과 15세기에 남발된 공신호功臣號를 가진 사람의 일족으로 구성된 훈구파는 당시 중앙 정계를 좌지우지했다. 사림파는 훈구파의 부정 · 부패를 제거하고 청결한 도덕적 정치를 실현하려고 15세기 후반 이후 중앙 정계에 진출하기 시작하였다. 이 때문에 훈구파와 사림파의 대립이 점차 격렬해졌고 사림파 탄압 사건이 15세기 후반 이래 되풀이되었다. 이런 사림파 탄압 사건을 사화士禍라고 한다.

중종 시대 조광조를 중심으로 한 사림파의 개혁 작업도 지나친 급진성 때문에 반발을 샀고 결국 1519년 사림파에 대한 숙청이 단행되었다. 이를 기묘사화己卯士禍라고 한다. 권벌은 사림파에 공감하면서도 급진성에는 반대하는 정치적 견해를 보였다. 권벌은 중앙 정계에서 두 파가 심각하게 대립하자 기묘사화가 일어나기 직전 지방관 부임을 신청하여 허락받았다. 권벌은 떠나기 전 사림파 소장 관료들에게 성급한 개혁에 대한 우려를 표명했다. 이와 같이 권벌은 사림파와 일정한 거리를 두었지만 기묘사화가 일어나면서 체포되었다. 그러나 다행히 사림파와 거리를 두었기에 죄를 면하고 관직에서 해임되어 귀향하는 것으로 끝났다. 그의 나이 42세 때의 일이다.

고향에 돌아온 권벌은 다음 해 도촌리에서 10킬로미터 정도 떨어진 안동부 내성현奈城縣 유곡酉谷(지금의 봉화군 봉화읍 유곡동)에 거처를 마련했다. '酉谷'은 음독하면 유곡이고, 현재의 행정명칭도 유곡이지만 훈독하면 '닭실'로, 현지 사람들은 대부분 지금도 닭실이라고 한다. 닭실이란 '닭의 골짜기'라는 뜻으로, 마치 닭이 알을 품은 듯한 모습을 한 산록山麓에 있어 붙여진 지명이라고 전해온다. 이 유곡이 권벌의 자손들이 지금에 이르기까지 계속 사는 땅, 즉 세거지가 된다.

관계에서 물러났던 권벌은 1533년 관직에 복귀한다. 이후 다시 순조롭게 관계官階가 올라 의정부 우찬성右贊成(종일품관)이라는 높은 지위에까지 오른다. 의정부 우찬성이면 재상급에 상당하는 삼의정三議政(영의정, 좌의정, 우의정) 다음으로 높은 지위인데 오늘날의 부총리에 해당한다. 더구나 권벌은 1539년에는 종계주청사宗系奏請使로 명나라에 간다. 명나라의 기록에 이성계가 고려시대 권신인 이인임李仁任의 자손으로 되어 있는 것에 대해 정정訂正을 요구하는 것이 임무였다. 다음 해 무사히 임무를 마치고 귀국한 권벌에게 왕은 토지와 노비를 하사한다.

이처럼 권벌은 지방 출신으로는 대단히 높은 지위에까지 올랐지만, 마지막은 비극적이었다. 앞에서 서술했듯이 권벌의 관계 출세에는 어머니 쪽인 윤씨의 힘이 크게 작용했을 듯한데, 권벌은 윤씨를 둘러싼 중앙 정계의 대립에 휩쓸려 다시 실각했다. 권벌의 외조부 윤당의 손자인 윤여필의 아들 윤임尹任은 장경왕후章敬王后(중종의 두 번째 왕비)의 오빠로서 정계에서 큰 힘을 가지고 있었는데, 문정왕후文定王后(중종의 세 번째 왕비)의 동생 윤원형尹元衡과 중종의 다음 왕위를 둘러싸고 날카롭게 대립하였다. 즉 장경왕후가 낳은 중종의 장남이 세자로서 다음 왕위를 잇게 되어 있었는데, 윤원형이 자신의 누이인 문정왕후가 낳은 경원대군慶源大君이 왕위에 오를 수 있도록 획책한 것이다.

1544년 중종이 사망하자 당초 예정대로 세자가 즉위하여(인종) 윤임이 승리한 것처럼 보였지만 인종은 1년도 되지 않아 병들어 경원대군에게 왕위를 물려준 뒤 바로 사망했다. 경원대군이 즉위하자(명종) 곧 윤임 일파에 대한 숙청이 시작되어 윤임은 죽임을 당했다. 권벌도 다시 관직을 삭탈당한 뒤 귀향했다. 이로써 끝났으면 권벌도 유곡에서 죽음을 맞았을 텐데 1547년에 한 가지 큰 사건이 일어났다. 양재역良才驛 벽서사건壁書事件이 그것이다.

양재는 지금은 서울의 시가지가 되었지만 당시에는 서울에서 남쪽으로 향할 때 첫 번째 역驛이 설치되어 있던 곳이다. 역이란 관원들이 여행할 때 사용한 숙박 시설을 가리킨다. 9월 어느 날 이 양재역의 벽위에 문정왕후와 권신 이기李芑 등을 비난하는 글이 붙어 있는 것이 발견되었다. 벽서의 내용은 신속히 중앙정부에 보고되었는데, 이와 같은 불온不穩한 벽서가 나타난 것은 윤임 일파를 철저히 제거하지 않았기 때문이라고 해서 이를 계기로 많은 인물이 처벌받기에 이르렀다. 권벌도 여기에 연좌되어 유배형을 받았다. 양재역 벽서사건은 윤임 일파를 제거하려고 윤원형 측에서 꾸며낸 일이 아닐까 생각된다.

권벌은 당초 전라도 구례求禮로 유배가게 되어 있었는데 북방인 평안도 태천泰川으로 유배지가 변경되었다. 안동에서 태천까지 700킬로미터 정도 되는데 그때 70세인 권벌에게는 고통스러운 길이었다. 태천으로 출발하기 전 권벌은 장남 동보東輔에게 다음과 같은 글을 보낸다.

옛날 범충선范忠宣은 칠십 세에 만 리를 갔다고 한다. 네 아비의 죄는 크지만 관대한 처벌을 받았기에 너도 원망해서는 안 된다. 또 내가 없다고 해서 의기소침해서도 안 된다. 사십 년간 나라의 은혜를 받았는데 이와 같은 죄를 얻고 말았다. 이 죄를 씻기에는 너무 늦어버렸다. 내가 죽으면 검소하게 장례지내도록 하라.

—『충재선생문집沖齋先生文集』 권1,
「아들 동보에게 부치는 글[寄東輔]」

태천으로 가는 도중 유배지가 다시 더 먼 곳인 삭주朔州로 바뀌었는

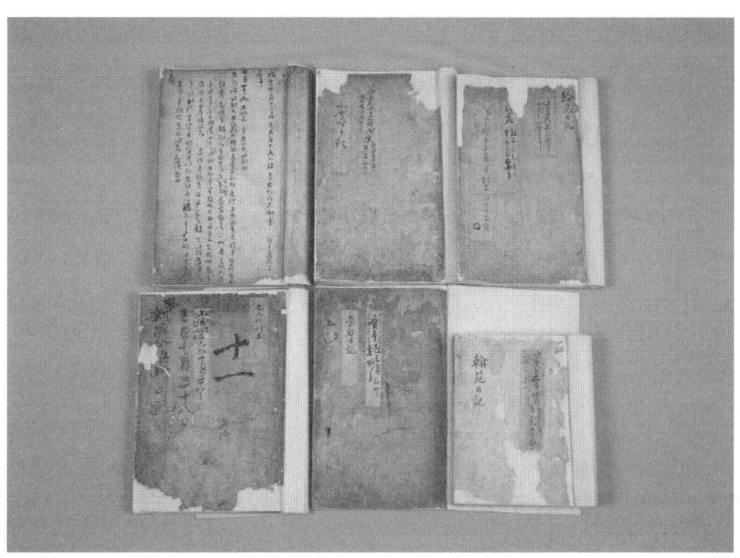

충재일기

데, 다음 해인 1548년 삭주에서 사망하니 향년 71세였다.

그의 주검은 유곡으로 옮겨져 지금도 유곡 땅에 잠들어 있다. 문집으로 『충재선생문집』 전9권이 있는데, 여기에는 그의 관직 생활 중 하루하루의 사건을 상세하게 기록한 일기가 수록되어 있다. 이 일기는 권벌의 공적인 활동만 기록한 것으로 5장에서 소개하는 오희문吳希文의 『쇄미록瑣尾錄』과 비교하면 무미건조하지만 중종 당대의 기록인 『중종실록中宗實錄』을 편찬할 때 중요한 참고사료가 되었다.

유곡 권씨의 형성

권벌의 생애는 이상에서 본 것처럼 파란만장했는데, 그는 정실正室과의 사이에 2남 1녀를, 첩실妾室과의 사이에 2남 2녀를 두었다. 권벌 자손들의 계도系圖는 〈그림 3〉과 같다.

권벌의 장남 권동보가 1518년에 태어났으므로 권벌은 40세에 처음으로 적자嫡子를 둔 것이다. 권동보는 1543년 1차 과거시험인 사마시에 합격했지만 아버지의 유배와 사망이라는 비극을 맞아 과거를 단념하고 오로지 아버지의 죄를 벗기는 데 전심하였다. 그의 노력과 안동 출신 양반들의 후원으로 1567년에는 권벌의 관작官爵이 회복되었고 다음 해에는 권벌에게 의정부 좌의정(정일품관)의 지위가 추증追贈되었다. 다시 1572년에는 그때의 국왕 선조로부터 충정忠定이라는 시

〈그림 3〉 권벌 가문 세계도

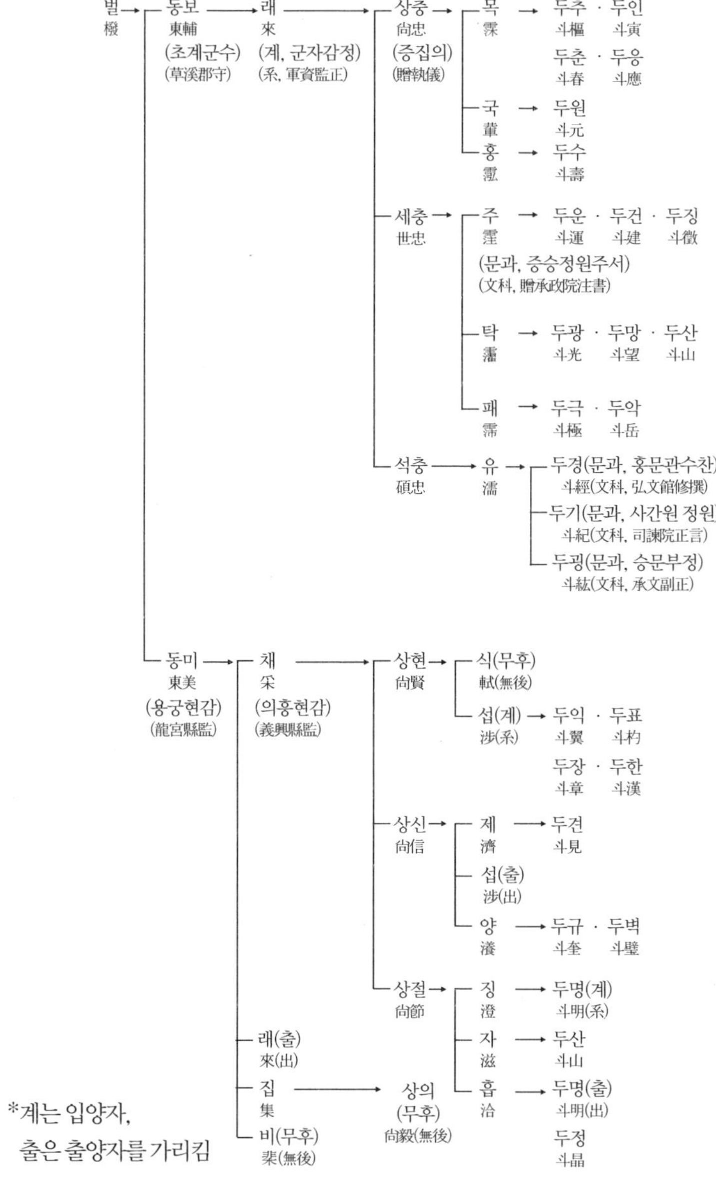
벌 橃
동보 東輔 (초계군수) (草溪郡守)
래 來 (계, 군자감정) (系, 軍資監正)
상충 尙忠 (증집의) (贈執儀)
목 霂
두추 斗樞 · 두인 斗寅
두춘 斗春 · 두응 斗應
국 蘜
두원 斗元
홍 霐
두수 斗壽
세충 世忠
주 霔 (문과, 증승정원주서) (文科, 贈承政院注書)
두운 斗運 · 두건 斗建 · 두징 斗徵
탁 濯
두광 斗光 · 두망 斗望 · 두산 斗山
패 霈
두극 斗極 · 두악 斗岳
석충 碩忠
유 濡
두경(문과, 홍문관수찬) 斗經(文科, 弘文館修撰)
두기(문과, 사간원 정원) 斗紀(文科, 司諫院正言)
두굉(문과, 승문부정) 斗紘(文科, 承文副正)
동미 東美 (용궁현감) (龍宮縣監)
채 采 (의흥현감) (義興縣監)
상현 尙賢
식(무후) 軾(無後)
섭(계) 涉(系)
두익 斗翼 · 두표 斗杓
두장 斗章 · 두한 斗漢
상신 尙信
제 濟
두견 斗見
섭(출) 涉(出)
양 瀁
두규 斗奎 · 두벽 斗璧
상절 尙節
징 澄
두명(계) 斗明(系)
자 滋
두산 斗山
흡 洽
두명(출) 斗明(出)
두정 斗晶
래(출) 來(出)
집 集
상의 (무후) 尙毅(無後)
비(무후) 棐(無後)
*계는 입양자,
출은 출양자를 가리킴

호를 받았다.

시호는 관료로서 현저한 공적이 있는 인물과 걸출한 학자에게만 주어지는 것이기 때문에 여기서 권벌의 명예는 완전히 회복된 것이다. 충정이란 시호에는 국왕에게 봉사하여 충절忠節을 다한 것을 충이라 하고 행실이 정직하여 잘못된 바가 없는 것을 정이라고 한다는 의미가 들어 있다.

권벌의 명예가 회복된 뒤 1588년에는 권동보의 양자 권래權來의 장인인 김륵金玏이 중심이 되어 유곡 땅에 권벌을 제사 지내는 충정공사忠定公祠가 건립되었다. 충정공사는 곧 서원으로 승격되어 삼계서원三溪書院이라 불렸다. 이 서원은 1660년 국왕 현종으로부터 현판을 받아 사액서원賜額書院이 되었다.

서원은 뛰어난 유학자를 제사 지내고 양반 자제들을 교육했던 기관으로 16~18세기에 걸쳐 전국에 서원이 많이 지어졌다. 그중에서도 국왕으로부터 서원의 이름을 적은 현판을 받은 사액서원은 특히 권위가 높았다. 따라서 권벌을 제사 지낸 삼계서원이 건립되고 거기에 사액이 이루어진 것은 권벌의 명예 회복을 의미할 뿐 아니라 권벌 자손들이 안동에서도 일류 재지양반으로서 지위를 인정받았다는 것을 의미한다. 삼계서원은 19세기 후반 유명한 흥선대원군興宣大院君 이하응李昰應의 서원철폐 정책으로 파괴되었다가 1960년에 중건되었다.

이야기가 약간 앞질러갔지만 문과 도전을 단념하고 아버지의 명예 회복에 분주했던 권동보는 도요토미 히데요시豊臣秀吉의 조선침략 전

유곡 권씨 종가

쟁, 즉 임진왜란이 일어난 1592년 정실正室에서 난 아들(적자)을 남기지 못하고 죽었다. 그래서 동생 권동미權東美의 차남인 권래가 양자로 그의 뒤를 잇게 되었다. 권래 이하 권벌 일족의 세계도는 앞에서 언급한 〈그림 3〉과 같지만 이 세계도와 관련해 몇 가지 주목해야 할 점을 지적해두고자 한다.

먼저 〈그림 3〉에 이름이 있는 권벌의 자손들 중에도 문과 합격자가 네 명 있지만, 〈그림 3〉에는 포함되어 있지 않은 더 후대의 자손까지도 포함한다면 권벌의 직계자손에서는 문과 합격자가 모두 열여덟 명 배출된다. 더욱이 문과에는 급제하지 않았으나 그 전 단계인 사마시에 합격한 사람은 이들 이외에 서른아홉 명이 있다. 이처럼 권벌의 자손 중에서 학문을 닦아 과거에 뜻을 둔 사람이 많이 나왔을 뿐만 아니라 열여덟 명에 이르는 문과 급제자가 나온 것이다. 이 사실이야말로 권벌 일족이 조선 말기에 이르기까지 오랜 기간 안동 지방에서도 대표적인 재지양반으로서의 지위를 유지한 이유였다.

그런데 이처럼 권벌의 자손에서는 문과 합격자가 많이 나왔지만, 종손들 즉 권벌 대대代代의 장남들 계통에서는 과거 합격자가 한 명도 나오지 않았다. 얼핏 보기엔 기이하게 느껴질지도 모르지만 권벌 일족에만 한정된 것이 아니라 매우 일반적인 현상이었다. 이것은 유명한 일족일수록 종손이 조상에 대한 제사와 일족의 사람 또는 같은 양반층과의 교제에 분주해 개인 생활을 희생할 수밖에 없는 경향이 있었기 때문이다. 따라서 종손은 동족 결합의 상징적인 존재이고, 입신출세하는 사람은 종손 이외의 방계傍系에서 나오게 되는 것이다.

〈그림 3〉과 관련해 또 하나 주목하고 싶은 것은 자손들의 이름을 짓는 방식이다. 한국에서는 중국처럼 같은 동족집단에 속한 남자들은 세대마다 공통되는 문자를 사용해 이름을 지었다. 이와 같은 문자를 중국에서는 배행자輩行字라고 하지만 한국에서는 항렬자行列字라고 한다.

권벌 자손들의 경우를 보면 동보, 동미 형제의 경우 '동東'이 항렬자가 된다. 그다음 세대에서는 '목木'이 항렬자로 권동미의 네 아들에게는 '목'자를 포함한 한자가 이름에 사용되었다. 그렇지만 그다음 세대가 되면 권동보의 양자인 권래의 아들에게는 '충忠'자가 항렬자로 쓰이는 데 비해 권동미의 손자들 사이에서는 '상尙'이 항렬자로 쓰인다. 요컨대 권벌의 증손 세대에서는 공통의 항렬자가 쓰이지 않은 것으로, 동족으로서 의미가 약해진 것을 뜻한다.

그렇지만 대단히 흥미있는 것은 이는 권상충權尙忠의 손자대, 즉 권벌에서 6대째 세대에서는 권동미의 자손을 포함하여 '두斗'라는 공통의 항렬자가 다시 등장한다는 사실이다. 권상충의 대에 일단 약해졌던 동족으로서의 결합이 권두추權斗樞 대에서 다시 강화된 것으로 생각된다.

일반적으로 말해 항렬자가 사용되는 범위는 조선 전기까지는 형제와 사촌 사이에 국한된다. 한국에서는 혈연의 원근을 재는 것으로 일본어의 친등親等에 해당하는 '촌寸'이란 단어를 쓴다. 형제라면 2촌, 종형제라면 4촌이 된다. 권벌 일족도 권래의 대까지는 2촌 또는 4촌의 범위에서 항렬자가 쓰였다.

그런데 동족 결합이 강화되어가는 조선 후기가 되자 전기의 경우보다 매우 넓은 범위에서 항렬자가 나타나게 된다. 권벌 일족의 예에서 보면 권두추 세대에서는 항렬자 범위가 10촌까지 확대된다. 그리고 이 세대 이후 권벌의 자손들 사이에서는 세대마다 공통의 항렬자를 사용하게 된다.

앞에서 서술했던 것처럼 재지양반으로서 사회적 인지를 받으려면 단순히 저명한 관료와 학자를 조상으로 두는 것뿐만 아니라 세거지에 계속 거주하며 양반 생활을 유지해야 했다. 그리고 재지양반으로서 위세를 유지하려면 동족집단을 형성해 동족으로서 결합을 강화해가지 않으면 안 되었다. 권벌 일족의 경우 권벌이 고위 관직 경험자였다는 사실만으로는 그 자손들이 재지양반의 지위를 자동으로 인정받

청암정 이러한 정자는 양반들의 사교 장소이기도 했다.

을 이유가 되지는 않았다. 자손들이 대대로 유곡에 거주하고 그 속에서 과거 합격자를 계속 냈다는 사실에 따라 비로소 재지양반이라는 사회적 인지를 받게 된 것이다. 그리고 항렬자 적용 범위의 변화로 판단하건데, 권벌의 자손들은 권두추의 대가 되어 동족 간의 결속을 확고히 함과 동시에 재지양반층이라는 확고한 지위를 구축하게 된 것으로 보인다.

동족집단으로서 안동 권씨는 열네 개 파派로 나뉘는데, 권벌의 일족은 앞에서 이름을 소개한 권수평權守平의 동생 권수홍을 파조派祖로 한 복야공파僕射公派에 속한다. 그러나 말할 것도 없이 복야공파에 속한 자손들이 모두 양반층인 것은 아니다. 권벌 일족과 같은 재지양반으로서 지위를 획득하려면 몇 가지 조건을 해결하지 않으면 안 되었다. 그리고 권벌의 자손들은 유곡 권씨라고 불리게 되는데, 이 호칭이야말로 재지양반으로서 사회적 인지를 상징적으로 보여준다.

유곡 권씨는 안동 권씨 복야공파 중에서 권벌을 선조로 하고 유곡을 세거지로 하는 일족을 일컫는 것으로, 이들은 양반층으로서 인지를 받은 일족이었다. 유곡 권씨는 권두추의 세대, 즉 17세기 후반에 성립되었는데, 이는 권벌 사후 100년 이상 지난 뒤의 일이다.

권벌 일족의 세거지인 유곡에는 지금도 권벌의 종손집이 있다. 유곡은 현재 봉화군의 중심지인 봉화읍에 속해 있다. 영주에서 중앙선으로 갈라져 동해안의 강릉으로 향하는 영동선의 봉화역에 내리면 택시로 5분 정도 걸리는 곳에 종손집이 있다. 주위에는 삼계서원과 청암정靑岩亭 등 권벌과 관계되는 건물이 산재하여 이 지역의 관광명소가 되었다.

재지양반 계층의 성립

지금까지 권벌의 일족을 예로 들어 재지양반층의 형성 과정을 살펴보았는데, 15~17세기는 재지양반층이 광범위하게 형성된 시기다. 여기서는 권벌 일족 이외에 몇 가지 예를 간단히 소개하면서 계층으로서 재지양반층의 성립에 대해 서술하겠다.

권벌의 형인 권의權儀의 일족도 같은 시기에 재지양반의 길을 걸었다. 권의는 사마시에 합격하는 데 그쳤고 한때 지방관을 지냈을 뿐 동생인 권벌처럼 중앙 정계에까지 진출하지는 않았다. 권의도 권벌과 함께 어머니의 생가가 있는 도촌리에서 성장했지만 이후 안동의 서쪽에 위치한 예천군의 저곡渚谷에 거주를 정했고, 여기서 자손들이 대대로 살았다.

권의에게는 적자가 일곱 명 있었는데, 장남인 권심기權審己는 아버지가 태어난 도촌에 거처를 마련했고, 차남인 권심언權審言이 저곡을 세거지로 삼았다. 권심언은 과거에 합격한 적도 없으며, 아버지와 마찬가지로 지방관을 맡았을 뿐이다. 권심언에게는 적자가 넷 있었는데, 차남인 권욱權旭의 명성이 이 일족이 재지양반으로서 지위를 확립하는 데 크게 공헌한 것으로 보인다.

권욱은 사마시에 합격한 뒤 상경했는데, 서울에서도 학명學名이 높아 제자가 많이 모여들었다고 한다. 그러나 아버지 권심언의 와병臥病을 통보받자 과업科業을 버리고 저곡으로 귀향하였다. 1592년 임진왜란이 일어나자 권욱은 의병장으로 활약하며 왜군에 항전하였다. 그의 아내는 안동의 대표적 재지양반으로 저명한 의성 김씨義城金氏 천전파川前派(내앞파)인 김명일金明一의 딸인데, 이러한 혼인관계도 이 일족의 지위 향상을 도운 것으로 보인다.

권욱은 사후 예천에 있는 봉산서원鳳山書院에서 배향配享되었다. 봉산서원은 원래 예천 출신 권오복權五福(그는 예천 권씨로 안동 권씨와는 동족이 아니다)을 제사 지내기 위해 세웠는데 이곳에 권욱이 추사追祀된 것이다. 이는 권욱이 예천 지방 양반으로서 지위를 공인받았다는 것

의성 김씨 천전파 종가

을 의미한다. 이에 권심언의 자손들은 저곡 권씨로서 재지양반의 지위를 확립한다. 그 자손부터는 역시 과거 합격자가 여러 명 나왔다. 덧붙여 말하면 권욱이 배향된 봉산서원에는 권의, 권벌 형제의 막내동생 권장權檣도 배향되었다. 권장은 문과에 합격했는데 예천에 거처를 마련하였다.

저곡 권씨는 유곡 권씨와 비교하면 양반으로서 격이 약간 떨어지는 듯하다. 이것은 무엇보다 권벌 정도의 저명한 인물을 직접 조상으로 두지 못했기 때문이다. 따라서 같은 재지양반층이라도 그사이에는 반격班格이라는 몇 가지 등급차가 있었다.

권욱의 장인 김명일이 속한 의성 김씨 천전파도 재지양반 형성의 전형적 사례 가운데 하나다. 의성 김씨는 안동의 남쪽인 의성이 본관으로 안동 권씨처럼 의성의 이족층에 속했다. 이 일족에서도 고려시대에 이르러 중앙 관직에 종사하여 양반이 된 가계가 나왔지만, 천전 김씨의 세거지인 안동의 천전리(내앞리)에 처음 이주한 것은 김명일 형제의 증조부에 해당하는 김만근金萬謹 때였다.

김만근의 아버지 김한계金漢啓는 과거에 급제해 중앙의 높은 관직에 있었으나 1455년 세조가 쿠데타로 제7대 국왕에 즉위하자 사직하고 안동으로 이주했다. 그리고 김만근이 처의 출신지인 천전리에 거처를 정하니 이로써 천전 김씨의 역사가 시작되었다. 김만근은 관직이 없었고, 그의 아들 예범禮範은 무관직武官職에 종사하였을 뿐이다. 그리고 김예범의 아들 김진金璡도 사마시에 그쳤고 관직에 종사한 적이 없지만 김진의 아들들은 크게 출세하였다.

김진에게는 적자가 여섯 명 있었는데, 그중 장남인 극일克一, 사남인 성일誠一, 오남인 복일復一이 문과에 합격하는 쾌거를 이루었다. 이들 중에서도 김성일은 퇴계 이황의 제자로, 훌륭한 학자가 맡는 관직인 홍문관 부제학副提學(정삼품 당상관)의 지위에까지 올라 사후 문충文忠이란 시호를 받았다. 이와 같은 김성일 형제의 출현은 천전 김씨를 저명한 재지양반으로 성립시키는 데 결정적인 계기가 되었다.

이상 소개한 안동 권씨의 권의, 권벌 형제 일족과 천전 김씨의 예에서 보듯이 사회 계층으로서 양반층은 15~17세기에 걸쳐 광범위하게 형성되었다. 그것은 결코 개개의 가계에서 우연히 일어난 현상은 아니며, 하나의 광범위한 사회운동이라고 해야 할 현상이었다.

재지양반층의 형성 과정을 보면 유곡 권씨나 천전 김씨에서 전형적으로 나타나는 바와 같이 그 출신 모체는 고려시대의 토착 이족 세력이며 이족→중앙 관료→세거지 정착이라는 과정을 밟아간 것을 알 수 있다. 즉 재지양반 계층의 형성 과정은 이족 세력에서 재지양반층이 분화해온 과정이었고, 이 분화를 가능하게 한 분기점으로 한번은 중앙정부의 높은 지위에 오르는 것이 필요했다고 할 수 있다.

그러면 15~17세기에 재지양반층이 일제히 형성된 원인은 어디에 있는가? 그것은 조선 사회의 변동과 어떻게 연결된 현상이었는가? 또 재지양반층이 형성됨으로써 조선 사회는 어떻게 변화하였는가? 다음에는 이러한 문제들을 살펴본다.

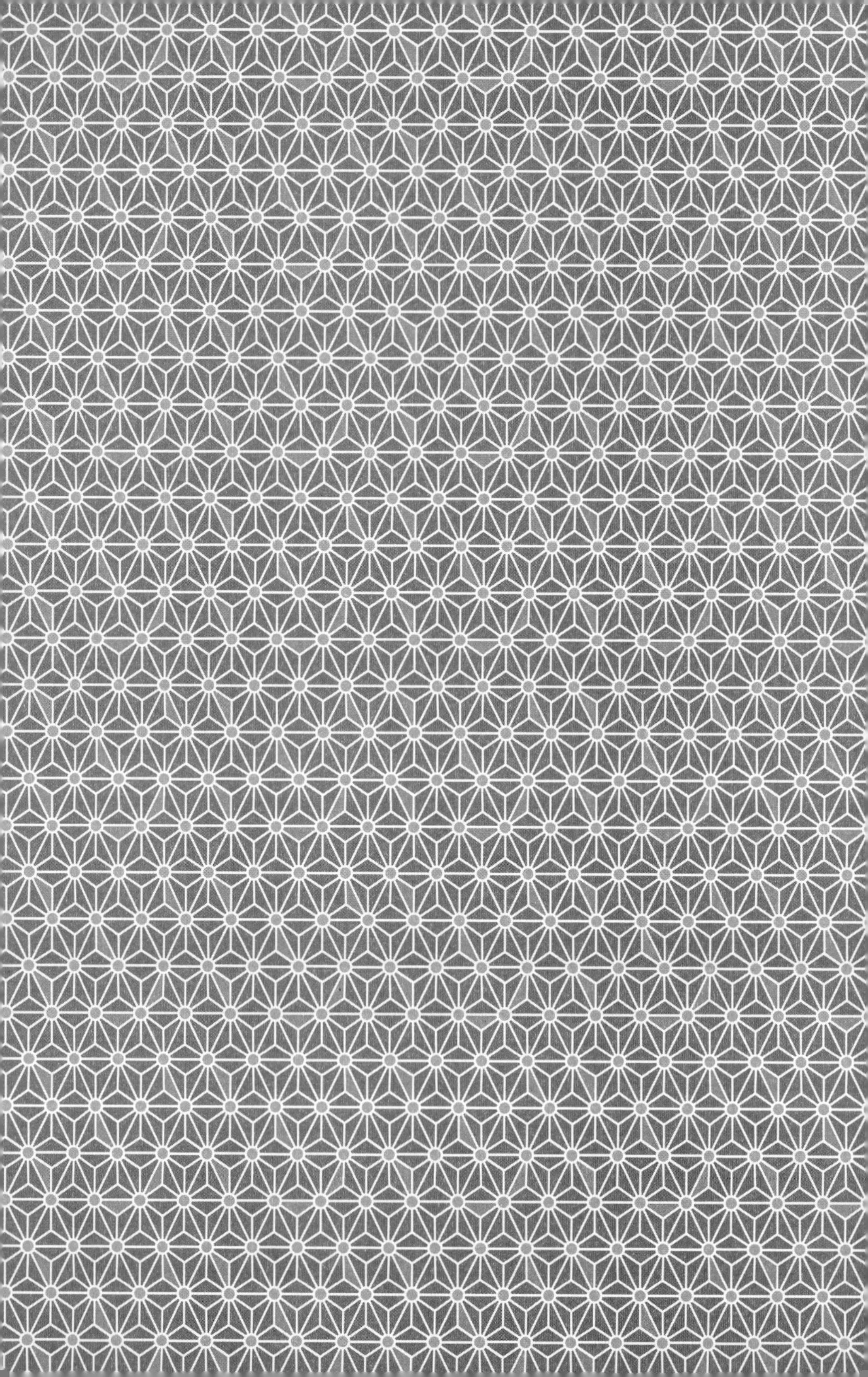

3

재지양반층의 경제 기반

분재기

안동 권씨인 권벌 일족의 예에서 보듯이 15~17세기에 재지양반층이 광범위하게 형성되었는데, 이들의 경제적 기반은 어디에 있었을까? 이 문제를 살펴보자.

양반층의 경제력을 보여주는 가장 중요한 자료로 재산상속 문서인 분재기分財記가 있다. 분재기는 오랫동안 양반가에 사장私藏되어 있었지만 최근 10여 년 사이에 조사와 공개가 비약적으로 이루어져 양반층의 경제적 기반을 상당히 알 수 있게 되었다. 그중에서도 영남대학교 이수건李樹健 교수가 중심이 되어 실시한 경상북도 지방의 양반가 소장 문서 조사는 획기적이었는데, 그 성과는『경북지방 고문서 집성』(1981)이란 제목으로 출판되었다.

이수건 교수의 조사 이후 다른 지방에서도 같은 조사가 진행되어 양반가 문서가 점차 간행되고 있다. 권벌 일족의 분재기는 모두 아홉 종류가 종손가에 전해져왔는데, 그것은 모두『경북지방 고문서 집성』에 수록되어 있다.

우선 분재기라는 자료에 대해 개략적인 설명을 더해보겠다. 분재기는 재산상속 때 작성된 문서인데, 작성 목적과 시기에 따라 성격과 양식을 달리하는 세 종류로 분류할 수 있다.

(1) 허여문기

허여문기許與文記는 피상속인인 아버지가 생존하였으면 아버지가, 아버지가 사망한 뒤 어머니가 생존하였으면 어머니가 상속인인 자녀에게 재산을 나누어줄 때 작성하는 것이다. 깃급문기[衿給文記]라고 하는 경우도 있다. 내용상 서序, 본문本文, 서명署名 세 부분으로 나눌 수 있는데, 이는 다음에 설명하는 화회문기和會文記와 별급문기別給文記에서도 마찬가지다.

서에는 문기가 작성된 연월일이 기록되며 계속해서 분재하게 된 사정(사망할 때가 임박했다는 등), 분재 원칙, 법규정과 다른 특별한 분재가 되는 경우에는 그 이유와 내용 등이 기록된다. 자손들에게 내리는 교훈이 서에 서술되어 있는 것도 많다.

본문은 분재 내용을 기록한 가장 중요한 부분으로 상속인 한 사람, 한 사람에게 주어지는 재산의 내역이 기록된다. 양친과 선조의 제사 비용에 충당되는 부분은 한 사람, 한 사람의 구분과 달리하는 것이 보통인데, 이 부분을 '봉사조奉祀條'라 한다. 마지막의 서명 부분에는 피

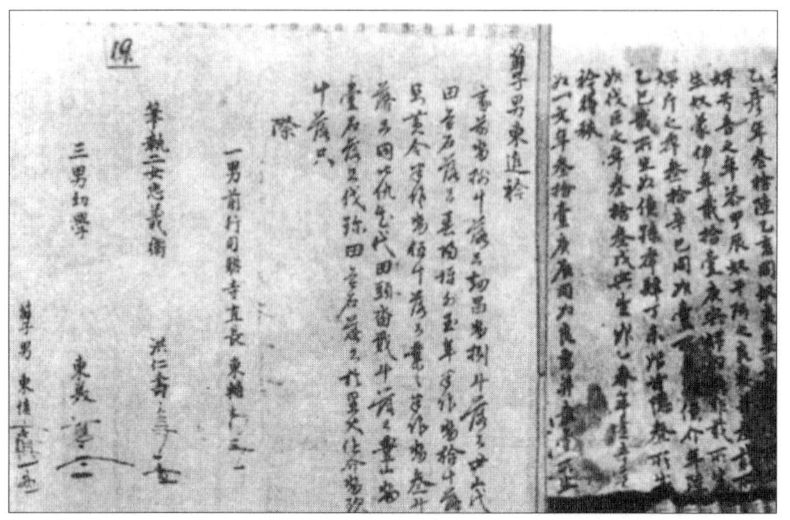

권벌의 종손가에 전해오는 화회문기 권벌의 아들인 권동보 등이 명종 5년(1550)에 작성하였다.

상속인과 상속인이 연서連署하는데 보통 서자녀庶子女(첩실의 자녀)는 서명하지 않는다.

적자녀嫡子女(정실의 자녀)의 경우 아들은 본인이, 딸은 사위가 서명하지만 아들과 사위가 죽었을 때는 그 처가, 처도 죽었을 때는 손자가 서명하는 것이 관례다.

(2) 화회문기

화회문기和會文記는 양친이 사망한 뒤 작성되는 재산상속 문서로 통상 3년상이 끝난 다음 상속인이 한곳에 모여 작성한다. 형식은 허여문기와 거의 같지만 서 부분에서 자손에 대한 교훈 형식 대신 양친의 가르침을 지켜갈 것이라는 자식들의 결의 표명 형식이 취해진다. 서명 부분에는 상속인만 연서한다.

허여문기와 화회문기는 원칙적으로 상속을 받는 적자녀의 수만큼 같은 내용의 문서를 작성하며, 그중에는 작성된 부수와 일련번호를 기록한 것도 있다.

(2) 별급문기

별급문기別給文記는 아버지나 어머니가 생존하였을 때 아들과 손자 중 특정한 자 또는 본래 상속 자격이 없는 근친자近親者에게 재산의 일부를 특별히 주는 경우 작성된다. 서에는 재산을 특별히 주는 이유가 기록되고 피상속인, 상속인 외에 제3자의 서명이 필요하다. 별급문기는 분재기 중에서 수적으로는 가장 많이 남아 있지만 소유 재산의 일부만 보여주는 것이라서 허여문기, 화회문기에 비하면 자료적 가치가 낮다.

현재 권벌의 종손가에 소장되어 있는 분재기 아홉 종류의 피상속인, 상속인을 계보상으로 표시하면 〈그림 4〉와 같다. 분재기의 일련번호는 작성 연대가 오래된 순으로 붙어 있다. 각 분재기에 대해 간단히 소개하겠다.

(1)은 문서의 모두冒頭 부분이 빠져 있기 때문에 정확한 연대는 알 수 없지만 이수건 교수의 추정에 따르면 1470~1494년에 작성된 것이다. 분재기 아홉 종류 중 유일하게 15세기의 것이다. 이 (1)은 권벌의 어머니가 오빠 윤여필과 함께 아버지 윤당에게서 생전에 재산을 분배받을 때 작성된 것으로 허여문기에 속한다. 이 분재기는 본래 권

〈그림 4〉 권벌 가문의 분재기

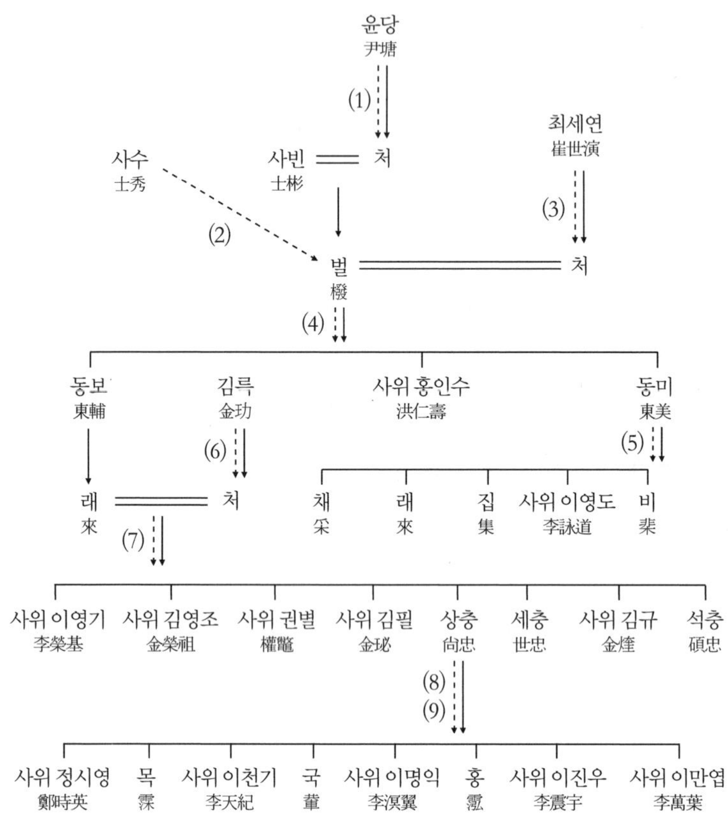

* 실선은 친자 관계, 점선은 현존하는 분재기의 상속 관계
** 서출의 자녀는 생략

벌의 형인 권의의 집에 전해져야 하는데 왜 권벌의 종손가에 소장되어 있었는지는 알 수 없다.

(2)는 권벌이 숙부 권사수에게서 재산 일부를 특별히 받을 때 작성된 것으로 유일한 별급문기다. 작성 연대는 1509년으로 되어 있다. 권벌은 어릴 때 권사수 밑에서 자란 적도 있었던 듯한데 앞서 소개했던 열 살 때 에피소드도 권사수의 거주지인 봉화로 가는 도중에 있었던 일이다. 이렇듯 친밀한 관계였기 때문에 권벌의 과거 합격(1507)을 축하하는 의미로 특별히 재산이 분여된 것이다.

(3)은 권벌의 처가 다른 적자녀 세 명과 서자 한 명과 함께 분재를 받을 때 작성된 화회문기로 1544년의 것이다. 권벌의 장인 최세연은 안동에서 약 100킬로미터 떨어진 경상도 금릉군 하로동賀老洞을 세거지로 한 유력자였다.

(4)는 권벌이 죽고 삼년상이 끝난 1550년에 권벌 자녀가 작성한 화회문기이다. (4)에 따르면 권벌에게는 적자 두 명과 적녀 한 명 외에도 서자와 서녀가 각각 두 명씩 있었던 것을 알 수 있다. 이 분재기는 권벌이 자녀들에게 남긴 재산을 전부 보여주는 것으로 자료적 가치가 대단히 높다.

(5)는 권벌의 둘째아들 권동미의 처가 권동미 사후 자녀에게 재산을 분여한 내용을 기록한 허여문기로, 작성 연대는 1592년이다. 이 분재기에서 권동미의 사위로 등장하는 이영도李詠道는 조선을 대표하는 주자학자 이황의 손자다. 이렇듯 이황 일족과 인척관계라는 것은 권벌 일족의 유력자다운 모습을 여실히 보여준다. 이 분재기가 권벌

의 종손가에 소장되어 있는 것은 권동미의 차남 권래가 권동보의 양자가 되었기 때문이다.

(6)은 권래의 처가 분재받을 때의 화회문기인데 통상적인 형식과 달리 권래 처의 상속분만 기재되어 있다. 작성 연대는 1619년이다. 권래의 장인 김륵은 안동 북쪽인 영주의 유력자인데, 한때 안동부사를 지내기도 했다.

(7)은 권래가 죽은 뒤 그 처가 적자녀 여덟 명과 서자 두 명에게 재산을 나누어줄 때의 허여문기다. 1621년에 작성되었다. (8)과 (9)는 모두 권래의 장남 권상충의 아들이 작성한 화회문기인데 각각 1682년과 1687년의 것이다. 이 둘은 모두 피상속인, 상속인은 같지만 내용에는 큰 차이가 있는데, 상속제도의 변화를 보여주는 대단히 귀중한 내용이다.

이상이 권벌 일족과 관련된 분재기인데, 분재기 아홉 종류 중에서 (4), (5), (7), (8), (9) 다섯 개가 각 시점에서 이 일족의 재산 규모의 윤곽을 보여주는 기본 자료다.

분재기 다섯 종류는 이 일족의 재산이 풍부함을 반영하여 세로의 길이는 40센티미터 정도로 비교적 작지만, 가로의 길이는 짧은 것이 5미터이고 긴 것은 10미터가 넘는 큰 종이에 씌어 있다. 게다가 각각의 분재기는 상속을 받은 적자녀의 수만큼 작성되기 때문에 종이가 귀중품이었던 당시로서는 분재기를 작성하는 것도 경제적으로 상당히 부담이 되었다.

권벌가의 경제 기반 | 노비 소유

권벌 일족은 권벌이 의정부 좌찬성이란 높은 지위에까지 출세함으로써 재지양반으로서 지위를 확립할 기반을 만들었는데, 재지양반으로서 경제력은 어느 정도였을까? 이 점을 권벌이 자녀들에게 남겨준 재산의 대강을 드러낸 분재기 (4)에 따라 검토해보자.

통상 분재기에 상속 재산으로 기재되는 것은 토지(농지, 택지)와 노비이며, 집 등의 건물이 포함된 경우도 많다. 그중에는 제사에 사용되는 도구 등이 분재기에 기록되는 경우도 있지만 이는 소수다. 시대에 따른 변화를 보면 15세기에는 노비만이 분재 대상이 된 경우가 많았고, 16세기 이후 토지와 노비가 분재 대상이 된 것이 일반적인 경향이다. 권벌가의 경우도 유일하게 15세기에 작성된 분재기인 (1)에서는 노비만 분재되었다.

분재기 (4)에서는 노비와 토지가 분재 대상이 되고 건물은 포함되지 않는다. 상속자 일곱 명 각각에 대한 노비의 분재분이 기록되고 뒤이어 토지의 분재분이 기록되는 체제이다. 상속자 각각에 대한 분재 내용은 뒤에 보기로 하고(177쪽 〈표 4〉 참조) 여기에서는 권벌의 유산 내용을 검토해보겠다. 권벌이 자녀들에게 준 별급문기는 현존하지 않기 때문에 분재기 (4)에 드러난 재산이 권벌의 전 재산을 거의 정확히 반영한 것이라고 보아도 무방할 것이다.

우선 노비를 보면 총 317명이란 많은 수가 분재 대상이 되었다. 권벌가는 이만한 수의 노비를 소유한 셈인데, 노비는 주인(상전이라 함)이 소유하며 상속과 매매가 가능하였다. 이 분재기에는 상속되는 남자종 또는 여자종 각각에 대하여 다음과 같은 내용이 기록되어 있다. '비붓덕일소생노장명년삼십육을해婢夫叱德壹所生奴長命年參拾陸乙亥.' 이때 장명長命은 상속된 노비의 이름인데, 그는 붓덕夫叱德이란 여자종의 장남으로 을해년에 태어났고, 나이는 서른여섯 살이다. 이처럼 상속 대상이 된 노비에 대해 남자종과 여자종의 구별, 이름, 누구의 자녀인가 하는 출생관계, 생년, 연령 등의 정보가 기록되어 있다. 출생관계는 상속되는 남자종 또는 여자종의 모친 이름이 기록된 경우가 많은데 그것은 다음과 같은 사정 때문이다.

조선 전기 노비의 신분 판정과 그 소유권의 귀속은 두 가지 원칙에 따라 결정되었다. '종모법從母法'과 '일천즉천一賤則賤'의 원칙이 그것이다. 종모법이란 노비 소유권의 귀속을 결정하기 위한 원칙인데, 소유주가 서로 다른 남자종과 여자종 사이에서 태어난 아이는 모친인 여자종을 소유한 사람의 소유가 된다는 것이다.

그리고 일천즉천이란 노비의 신분을 결정하기 위한 원칙으로, 부 또는 모 어느 쪽인가가 천신분賤身分이라면 그 아이도 천신분이 되었다. 그러므로 남자종과 양인 신분의 여성 또는 여자종과 양인 신분인 남성 사이에 태어난 아이는 어떤 경우라도 노비 신분이 되었던 것이다. 이 일천즉천의 원칙은 노비 신분인 사람을 늘리는 큰 원인이었는데, 남자종과 양인 신분의 여성 사이에 태어난 아이에게는 종모법의 원칙이 적용되지 않고 남자종의 소유자에게 소유권이 인정되었다.

분재기에서 노비의 출생관계를 보여줄 때 모친인 여자종의 이름을 기록하는 경우가 많은 것은 종모법에 따른 것으로, 모친인 여자종의 소유자는 그 여자종이 낳은 아이의 소유주가 되는 것이다. 이에 비해 피상속자가 소유하는 남자종과 양인 신분인 여성 사이에 태어난 아이는 '노모양처소생奴某良妻所生'이란 출생관계가 기록됨으로써 그 아이의 소유권이 명확해졌다.

통상적인 노비의 경우 앞에서와 같이 기록되지만 분재기 (4)에는 특수한 노비가 세 종류 등장한다. 하나는 외방노비外方奴婢인데 권벌의 거주지인 유곡에서 멀리 떨어진 곳에 거주하는 노비들이다. 분재기 (4)에서 외방노비로서 거주지가 특별히 기록되어 있는 이는 열네 명인데, 그 거주지는 언양(경상도), 청주 · 청풍(충청도), 나주(전라도), 연안 · 평산(황해도), 길주(함경도)로 다섯 개 도에 걸쳐서 외방노비를 소유하고 있었다. 외방노비처럼 거주지가 특기되어 있지 않은 노비는 유곡이나 그 주변 지역에 거주한 것으로 보인다.

권벌과 같은 재지양반층의 경우 외방노비의 존재는 그다지 비중이 크지 않았지만 대대로 서울과 그 주변 지역에 거주한 경반의 경우 매우 많은 외방노비를 소유하고 있었다. 예를 들면 홍문관 부제학(정삼품 당상관)에까지 오른 이맹현李孟賢이란 사람의 경우 1494년에 작성된 그의 분재기에는 전국 팔도 70군현에 거주하는 752명의 노비가 분재되어 있다.

두 번째 특수한 노비로는 매득노비買得奴婢가 두드러진다. 분재기 (4)에는 매득노비와 그 자녀들이 모두 서른여섯 명 기재되어 있다. 매득노비는 원소유자原所有者의 이름이 기재되고 누구에게서 매득한 것인지가 분명한 경우와 단순히 매득이라고만 기록되었고 누구에게서 매득했는지 불명확한 경우가 있다. 이 매득의 표기도 노비 소유권의 귀속을 명확하게 하기 위한 것이었다.

세 번째로 주목되는 것은 사패노비賜牌奴婢의 존재이다. 사패노비란 국왕으로부터 받은 노비로 분재기 (4)에서는 사패노비 세 명 또는 그 아이들이 분재 대상으로 등장하고 있다. 2장에서 서술한 바와 같이 권벌은 명나라에 파견되었을 때 노비 다섯 명과 전지田地 40결結을 국왕으로부터 받았는데(51쪽) 분재기에 기록된 사패노비는 아마 이때 받은 노비일 것이다. 국왕이 특별한 공로가 있는 신하에게 노비를 사여賜與하는 일은 조선 전기에 빈번했는데, 이것이 고급 관료들이 노비를 대규모로 소유하는 한 원인이 된 것이다.

이상 세 종류의 노비는 거주지와 소유권의 내력이 보통 노비와 달랐기 때문에 분재기에 특기되었다. 또 하나 보통 노비와 다른 기재 양식을 지닌 경우로 출생관계가 명기되지 않은 노비의 존재가 주목된다. 이 경우는 노奴(남자종)인가 비婢(여자종)인가의 구별, 이름, 연령만 기록되는데 연령이 기재되지 않은 경우도 종종 있다. 왜 권벌이 이런 형태의 노비를 소유하게 되었는지가 불명확한데 분재기 (4)에는 이런 종류의 노비가 50여 명 있다.

이와 같이 분재기 (4)에는 여러 형태의 노비가 등장하는데 노비의 기재 양식을 근거로 권벌이 소유한 300명이 넘는 노비를 소유권의 유래에 따라 분류하면 다섯 가지로 나눌 수 있다. 그 다섯 가지는 ① 상속에 따른 것, ② 매득에 따른 것, ③ 사여에 따른 것, ④ 소유권의 유래가 불명확한 것, ⑤ 노비의 자기증식에 따른 것 등이다. ⑤ 노비의 자기증식에 따른 것은 ①에서 ④ 중 어느 것인가를 수단으로 삼아 권벌이 소유하게 된 노비의 자손이기 때문에 권벌 소유에 속한다.

이들 다섯 가지 형태의 노비 중 수적으로 다수를 차지한 것은 ①과 ⑤인데, ⑤는 대부분 권벌이 상속으로 소유하게 된 노비의 자손들이다. 따라서 권벌이 소유한 노비 중 다수는 상속으로 획득한 것으로, 이는 권벌 일족이 이전에 아버지 권사빈의 대까지 노비를 많이 소유하였다는 사실을 말해준다. 이에 비해 ②와 ③을 수단으로 삼아 획득한 노비는 권벌의 중앙에서의 출세와 그에 따르는 경제력의 향상으로 소유하게 된 것으로 추측된다. ④의 소유권의 유래가 불명확한 노비나 그 자손 50명도 대부분 권벌의 출세로 소유가 가능했던 것으로 생각된다.

이상의 내용을 종합해보면 권벌이 자녀들에게 남긴 노비 317명 중 약 3분의 2는 권벌이 상속으로 획득한 노비나 그 자손들이고, 나머지 3분의 1 정도가 권벌의 출세로 그의 대에서 새로 획득한 노비나 그 자손들인 것으로 생각된다.

그런데 권벌의 경우에서 보듯이 재지양반들이 소유한 많은 노비는 도대체 어떤 원인으로 생겨났을까? 조선시대의 신분은 크게 나누어 양반, 양인(양민 또는 상민常民이라고도 한다), 노비 세 종류가 있었는데, 권벌이 살았던 16세기 당시 이들 세 종류의 신분이 어느 정도의 비율을 차지했는지는 정확히 알기 어렵다. 연구자에 따라 견해가 다른데 대체로 16세기에는 전 인구의 30퍼센트에서 50퍼센트 가까이가 노비 신분이었던 것으로 본다. 그러므로 노비가 대단히 많이 존재했던 셈인데, 조선시대 이전의 고려시대와 통일신라시대에는 노비가 차지하는 비중이 매우 낮았던 것으로 생각된다.

일본 나라奈良 정창원正倉院에는 9세기 통일신라시대의 촌락 문서村落文書가 소장되어 있다. 이 문서는 현재 충청북도 도청 소재지인 청추 부근 네 촌락의 인구 구성과 토지 면적 등을 기록한 대단히 귀중한 자료여서 일찍부터 연구자의 주목을 받아왔다. 이 문서에는 네 촌락에 거주하는 노비 신분인 사람의 숫자도 기록되어 있는데, 이에 따르면 노비가 차지하는 비율은 전 인구의 10퍼센트에 훨씬 못 미친다. 물론 겨우 네 촌락만의 수치이기 때문에 이것이 당시 사회 상황을 그대로 보여주는 것이라고는 말할 수 없지만, 통일신라시대와 고려시대의 사료로는 전 인구의 30퍼센트 이상이 노비였다고는 생각하기 어렵다.

그러므로 고려시대 말기부터 조선시대 전기에 걸쳐 노비 신분이 급증했다고 여겨지는데 그 원인은 현재 잘 알 수 없다. 한 가지 분명한 것은 조선 전기에 국가의 대對노비 정책이 노비의 급증을 초래한 원인이었다는 것이다. 앞에서 서술한 바와 같이 조선 전기에는 '일천즉천'의 원칙, 즉 양친 중 한쪽이 노비 신분이면 그 자식들은 자동으로 노비 신분이 된다는 원칙이 정책으로 정해졌다. 이와 같은 국가정책이 노비 증대를 가져온 한 원인이 된 것은 분명한데, 권벌이 소유한 노비 중에도 권벌 소유의 남자종과 양인 여성 사이에서 출생한 노비가 다수 있었다.

그뿐만 아니라 국가는 노비가 거주지에서 달아나는 경우 이를 엄하게 뒤쫓는 정책도 취하였다. 달아난 노비는 잡혀오면 다시 원소유자의 지배를 받았다. 더구나 달아난 것에는 시효가 없었다. 따라서 달아난 노비가 죽은 뒤에도 그 자손들이 발견되면 원소유자의 소유권이 인정되었다.

분재기를 보면 분재된 노비에 대한 기록 중 '도망노모逃亡奴某 연일백오십年一百五十'과 같은 예가 보이는데, 이것은 달아난 노비가 이미 죽었는지와 무관하게 그 자손을 분재 대상으로 삼은 것으로, 만약 달아난 노비가 살아서 발견되는 경우를 대비한 분재였다. 이처럼 조선 전기에는 노비에 대한 신분유지 정책이 엄격하게 시행되었는데, 이러한 국가 정책은 노비의 증대를 가져온 큰 원인이 되었다.

그러나 조선 전기의 노비 급증은 국가 정책만으로는 설명되지 않는 점이 있다. 고려왕조가 멸망한 한 원인인 '북로남왜北虜南倭'라는 북방의 여진족 침공과 남방의 왜구 약탈에 따른 국토의 황폐화와 대량의 유민 발생 같은 사회 상황이 노비 급증을 가져온 기본 원인이었다고 생각되지만 구체적인 상황은 알 수 없다.

무릇 양반은 '사士'로서 학문에 힘써 과거에 합격하여 관료가 되는 것을 이상적인 생활 방식으로 삼는 존재이기 때문에 육체노동에 종사하는 것은 천하다고 여겼다. 따라서 양반다운 생활을 유지하려면 일상의 여러 가지 잡일을 담당하는 노비가 있어야 하는 것이 당연하였는데, 조선 전기에 재지양반층이 광범위하게 형성된 것은 노비가 많이 존재했기 때문이다. 즉 재지양반층의 형성과 노비 인구의 급증은 불가분의 관계가 있었다.

그렇다면 권벌이 소유한 많은 노비는 경제적으로 어떤 의미가 있었을까? 조선시대의 노비는 소유주에 대한 의무의 종류에 따라 크게 신역노비身役奴婢와 납공노비納貢奴婢로 나눌 수 있다. 신역노비는 소유주에게 노동을 제공하는 의무를 졌던 노비이다. 신역노비는 양반 가정 내의 여러 노동에 종사하였는데, 권벌이 소유한 많은 노비는 대부분 권벌 소유 농지에서 일하였을 것으로 보인다. 한편 납공노비는 해마다 일정량의 여러 가지 물품을 소유주에게 납부하는 의무를 졌던 노비들이다. 분재기 (4)에 등장하는 외방노비는 모두 납공노비였다고 보아도 좋을 것이다.

권벌가의 경제기반 | 농지 소유

다음에는 분재기 (4)에서 노비와 함께 중요한 재산이었던 농지에 대해 살펴보자. 분재기 (4)에는 모두 190필지筆地의 농지가 상속 대상으로 기록되어 있는데, 그 면적은 2,312두락斗落에 달한다. 두락이란 한국의 전통적인 경지 면적 표시 방법으로 1두락은 벼나 보리 등의 종자 한 말을 파종할 넓이의 토지다. 두락은 순수한 한국말로는 마지기라고 하며 오늘날에도 경지 면적을 나타내는 경우 널리 사용된다.

1두락의 넓이가 어느 정도 면적에 해당하느냐는 시대에 따라, 지역에 따라 각각 달랐다. 오늘날에는 대체로 200평 정도를 1두락이라고 하지만 16세기 당시 안동 지방에서는 100평 정도가 1두락이었던 것 같다. 따라서 권벌이 소유한 2,312두락은 70헥타르를 약간 웃도는 넓이가 되는데 이것은『경북지방 고문서 집성』에 수록되어 있는 많은 분재기 중에서도 농지 소유 규모로는 1, 2위를 다툴 정도로 많은 것이다.

그렇다면 권벌은 이만한 규모의 농지를 어떻게 해서 소유하게 되었을까? 우선 그가 상속으로 획득한 농지를 고려하지 않으면 안 된다. 그가 상속으로 획득한 농지로는 아버지 권사빈과 숙부 권사수, 장인 최세연 세 사람에게서 받은 것을 들 수 있다. 이 중 권사수에게서 받은 것은 분재기 (2)에 따르면 2결結 33부負의 농지이고, 최세연에게서 상속받은 것은 분재기 (3)에 따르면 1결 15부 5속束이었음을 알 수 있다. 분재기 (2)와 (3)에서는 분재기 (4)와 달리 토지의 넓이가 결부結負라는 단위로 나타나는데 이 결부도 한국의 독특한 면적 표시 방법이다.

결부라는 면적 표시법은 조금 복잡한데, 이것은 원래 국가가 토지의 세稅를 수취하기 위한 단위였다. 조선시대에 국가는 종종 전세田稅를 징수하기 위한 기초 작업으로 양전量田을 행하였다. 양전은 일본사에서 말하는 검지檢地에 해당한다고 보면 된다. 양전을 시행할 때 농지는 비옥도의 차이에 따라 여섯 등급으로 나뉘었다. 가장 비옥한 토지가 1등이고, 가장 척박한 토지가 6등이다. 그리고 1등의 토지는 오늘날의 단위로 환산하면 약 0.9헥타르를 1결로 하고 6등의 토지는 3.7헥타르를 1결로 하여 각각의 토지에 결부수를 설정하였다. 따라서 1등과 6등의 토지에서는 같은 1결이라 해도 면적으로는 네 배 차이가 있었지만 둘의 생산량은 같은 것으로 간주되었고, 1결의 토지 면적에서는 동일한 양의 전세를 징수하는 구조였던 것이다. 결부가 전세 징수를 위한 단위로 간주되는 이유가 여기에 있다. 1결은 100부, 1부는 10속이었다.

결부는 이처럼 토지 생산력의 차이를 고려한 상대적인 면적 표시 방법이었기 때문에 이것을 곧바로 두락으로 환산할 수는 없지만 여기에서는 일단 1결의 면적을 대략 40두락으로 본다. 이렇게 되면 권벌이 분재기 (2)와 (3)에서 상속받은 농지는 합하여 3결 48부 5속이므로 두락으로 환산하면 140두락이 된다. 이런 점에서 볼 때 권벌이 소유한 농지 중 권사수와 최세연에게서 받은 것은 극히 일부를 차지할 뿐이라고 생각된다.

권벌의 상속 재산 중 가장 큰 비중을 차지할 것으로 생각되는 아버지 권사빈에게서 받은 상속분에 대해서는 분재기가 남아 있지 않기 때문에 명확히 알 수 없다. 그러나 다행히도 권벌의 형인 권의의 자녀들이 재산을 상속받을 때 작성된 분재기가 권의의 자손집에 소장되어 있는데, 이것이 『경북지방 고문서 집성』에 수록되어 있다. 이에 따르면 권의는 노비 95명과 농지 871두락을 자녀에게 남겼다. 권의의 유산에는 처가 부모에게서 받은 재산이 포함되었을 텐데, 그것이 없다고 가정한다면 권벌이 아버지에게서 받은 농지는 최대한으로 계산하여 대략 871두락이 된다.

이상으로 판단한다면 권벌이 소유한 2,312두락의 농지 중 상속으로 획득한 농지는 최대한으로 보아 1,000두락 정도이고, 과반수의 농지는 그의 대에 새로이 소유하게 된 것으로 추측된다. 이와 같은 권벌의 농지 소유 확대는 노비 소유와 마찬가지로 그의 입신출세로 말미암아 가능하게 되었다고 보아도 틀림없을 것이다.

그럼 권벌이 소유한 광대한 농지는 어떤 방식으로 경영되었을까? 이 문제를 푸는 실마리도 분재기 (4)에서 발견된다. (4)에서 분재 대상이 된 190필지는 명확히 구분되는 두 가지 방식으로 기재되어 있다. 하나의 방식은 예를 들면 '가전답이석사두락지家前畓二石四斗落只'처럼 쓰인 경우로, 이때 가전家前은 경지의 소재지이고, 답畓은 한국의 독특한 한자로서 논이며, 이석사두락지二石四斗落只는 면적을 표시한 것이다. 1석石은 15두에 해당하므로 2석 4두락은 34두락과 같다. 즉 이 방식은 상속 대상이 되는 경지를 소재지, 지목地目, 면적으로 특별히 정해놓았는데 이런 기재방식을 'A방식'이라 부르겠다.

또 하나의 방식은 '개단윤손답동변일석이두락지皆丹尹孫畓東邊一石二斗落只'처럼 쓰인 경우다. 개단皆丹은 지명인데 유곡의 북방에 위치하였다. 윤손尹孫은 분명히 사람 이름이고, 동변東邊은 동쪽의 의미이므로, 개단에 있는 윤손의 논 중에서 동쪽 1석 2두락이 상속분으로 특별히 정해져 있는 것이다. 요컨대 이 방식은 A방식과 달리 인명이 표기되어 있는데 이런 기재방식을 'B방식'이라 부르겠다.

A방식과 B방식의 차이가 무엇을 의미하는지는 뒤에서 고찰하고,

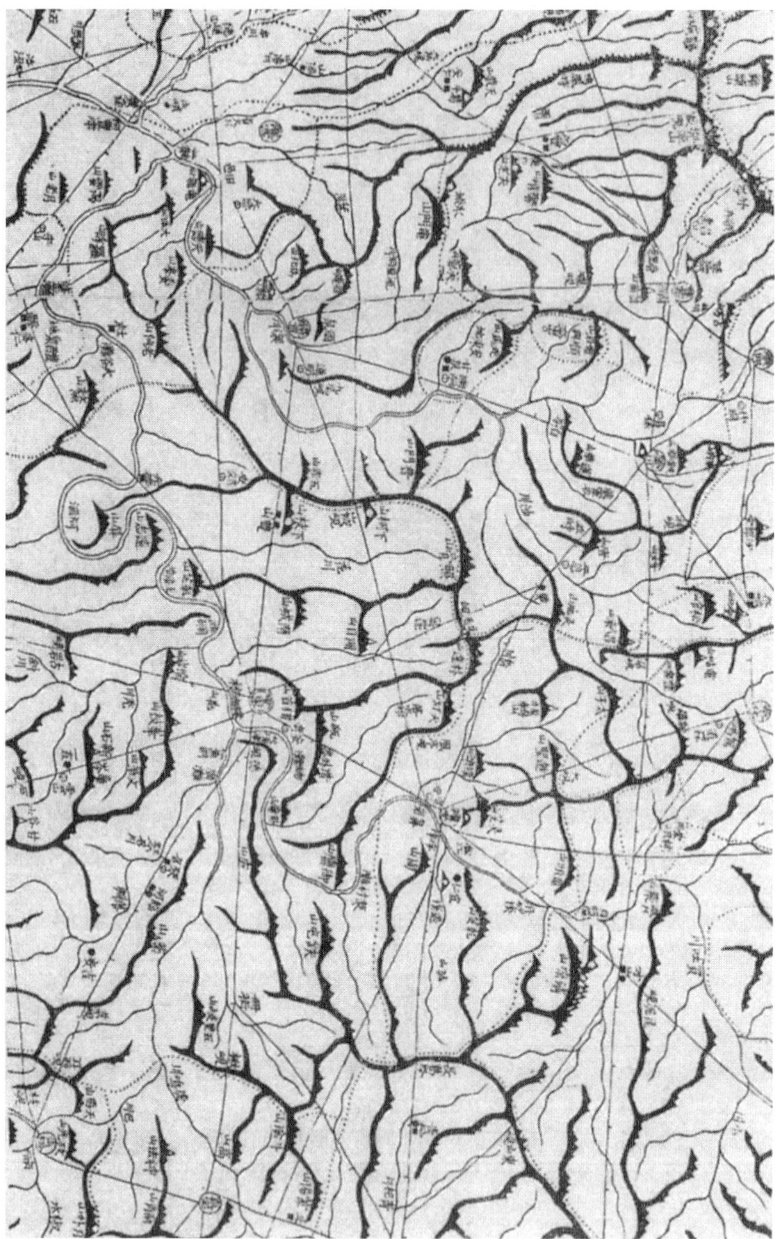

『대동여지도』에 나타난 안동 주변도

우선 두 방식에 공통으로 기재되어 있는 경지의 소재지명을 실마리로 삼아 권벌 소유지의 분포 상황을 확인해보겠다. 지명은 소小지명으로 나타나는 경우가 많아 소재지를 확인하기가 상당히 어렵지만 근년에 한국에서 출판된 『한국 땅이름 큰사전』(한글학회 편)을 참고하여 도움을 많이 얻었다. 이 사전은 소지명까지도 망라한 한국 지명 연구의 기념비적인 출판물인데 역사 연구와 언어 연구에도 도움이 많이 된다. 이 밖에 17세기 초에 편찬된 안동의 지방지 『영가지永嘉誌』도 지명 확인 작업에 참고가 된다.

위에서 든 참고 자료를 바탕으로 권벌 소유지의 분포를 조사해보면, 분재기 (4)에 등장하는 190필지의 경지 중 151필지의 경지, 면적으로는 1,799두락의 소재지를 확인할 수 있다. 이 151필지의 경지는 내성현奈城縣, 개단부곡皆丹部曲, 봉화현奉化縣, 소천부곡小川部曲, 춘양현春陽縣, 안동부安東府, 풍산현豊山縣의 일곱 개 행정구획에 걸쳐 있다. 각 지역의 위치 관계를 이해하기 위해 19세기 후반에 작성된 『대동여지도大東輿地圖』의 안동 주변 부분을 살펴보자. 내성은 권벌의 거주지인 유곡을 포함하는 지역이고, 개단은 지도에는 실려 있지 않지만 내성 북쪽에 있다. 봉화는 내성의 동쪽에 있고 춘양과 소천은 각각 봉화의 북동쪽과 서쪽에 있다. 풍산은 양반촌으로 지금도 관광객이 많이 찾는 하회河回를 포함하는 지역으로 안동의 서쪽에 있다. 지도를 보아도 확인할 수 있듯이 권벌의 소유지는 안동 주변 지역에 집중적으로 분포되어 있는데, 노비의 경우 외방노비에 해당할 만한 먼 곳의 소유지는 존재하지 않았다.

그런데 권벌의 소유지가 있었던 일곱 개 행정구획 중 봉화를 제외한 다른 지역은 16세기 당시 모두 안동부의 관할 아래 있었다. 여기서 조선시대의 지방행정 제도에 대해 간단히 설명하겠다. 조선시대에는 전국이 팔도로 나뉘어 있었다. 도 아래의 행정구역으로는 목牧, 부府, 군郡, 현縣 등으로 각각 불리는 것이 있었으나 이들은 도의 하위 행정구획이라는 점에서는 병렬적 관계여서 읍邑이라 통칭되었다. 목, 부, 군, 현 등은 정치적 · 군사적인 중요도의 차이와 인구수, 경지 면적의 대소에 따라 구별되었다. 읍의 하위 행정구획으로는 면面을 두었는데 행정 단위로서 면은 조선 전기에는 아직 미숙했고 후기 이후에야 면제面制가 확립되었다. 면 아래에는 동洞이라든가 리里 등 갖가지 명칭으로 불린 최하위 행정구획이 있었다. 동이나 리는 하나 이상의 집락으로 구성되었다. 중앙에서 지방관이 파견된 것은 읍까지인데, 이 읍에 파견된 지방관을 수령이라 불렀다.

이상이 조선시대 지방행정 제도의 개요인데, 읍 가운데는 중앙에서 지방관이 파견되지 않은 곳도 있었다. 권벌의 소유지가 있던 읍 가운데 안동부 관할 지역은 이처럼 수령이 파견되지 않았고 안동부사(안동의 수령)가 통치 임무를 맡았다. 여기에서 주의할 것은 안동부와 내성현의 영역은 중복되지 않고 각각 독립된 영역을 가지고 있었다는 점이다. 앞서 권벌 일족의 세거지를 안동부 내성현 유곡으로 소개했는데(50쪽) 이는 내성현이 안동부에 포함되어 있다는 의미가 아니라 안동부사의 관할 아래 놓여 있다는 의미다.

군현제의 이와 같은 존재 방식은 한국에 독특한 것이고, 중국과 일본의 군현제와는 다른데, 그 연원淵源은 고려시대까지 거슬러 올라간다. 고려시대 초기에는 일부 읍에만 중앙에서 지방관이 파견되었고, 대부분의 읍에는 지방관이 파견되지 않았다. 지방관이 파견된 읍을 주읍主邑, 파견되지 않은 읍을 속읍屬邑이라 하는데, 속읍의 통치를 담당한 사람들은 주읍의 재지 세력가, 즉 재지양반층의 출신 모체가 된 이족들이었다.

고려시대 중기부터 조선 전기에 걸쳐 점차 지방관이 파견된 읍이 늘어나 속읍의 주읍화가 진행되었지만, 안동 지역은 16세기에도 여전히 속읍이 많이 있던 예외적인 곳의 하나에 속한다. 이는 안동 권씨도 그 일익이던 안동의 이족세력이 그만큼 강했다는 사실을 반영하는 것으로, 안동 이족에서 재지양반층이 많이 갈라져 나온 원인으로도 생각된다.

권벌의 소유지가 있던 안동 이외에 여섯 곳의 행정구역 중 봉화를 제외한 다섯 곳이 안동의 속읍이었다는 점은 이상에서 서술했던 바와 관련해 대단히 흥미로운 사실이다. 요컨대 권벌이 이들 안동의 속읍에 토지를 많이 소유했던 것은 결코 우연이 아닌데, 이로써 고려시대 이래 이족인 안동 권씨와 이들 지역의 밀접한 관계가 상정되는 것이다.

행정구획별로 권벌의 소유지 분포를 나타내면 다음과 같다.

내성: 23필지, 306두락

개단: 5필지, 72두락

봉화: 32필지, 371두락

소천: 19필지, 278두락

춘양: 56필지, 623두락

안동: 15필지, 134두락

풍산: 1필지, 15두락

권벌의 소유지가 가장 집중되어 있는 곳은 춘양인데, 권벌은 여기에서 넓은 농장을 경영했던 듯하다. 권벌과 권동보가 지은 시를 보면 춘양농장에 대한 것이 종종 있는데, 그처럼 춘양과 관계가 특히 깊었던 것 같다. 이 밖에 권벌의 소유지가 많이 있던 곳은 거주지인 내성과 내성의 동쪽에 위치한 봉화였다.

이상으로 권벌의 소유지 분포를 서술하였는데, 다음에는 이들 소유지의 경영 방식을 생각해보자. 앞에서 지적한 바와 같이 분재기 (4)의 소유지 표시 방식에는 A, B 두 가지 방식이 있었는데, A방식의 표기를 취한 경지는 89필지, B방식의 표기를 취한 경지는 98필지이고, 나머지 3필지는 A, B 어느 방식에 속하는지를 판정할 수 없다.

A, B 두 가지 기재방식을 경지 소재지와 관련해보면, 내성에서는 23필지 중 21필지, 안동에서는 15필지 중 12필지가 A의 기재방식을 취하였다. 이에 비해 춘양에서는 56필지 중 51필지, 개단에서는 5필지 중 4필지가 B의 기재방식을 취해 내성, 안동과는 대조적이다. 봉화와 소천에서는 A와 B의 기재방식이 거의 비슷해 앞의 두 경우의 중간 형태를 띠고 있다. 이러한 A, B 두 가지 기재방식의 지역별 분포를

보면, 권벌의 근거지에는 A의 기재방식을 따른 농지가 많은 경향을 볼 수 있다. 내성은 권벌의 거주지이고 안동은 출생지였다. 이에 비해 내성에서 20킬로미터 이상 떨어진 곳에 있는 춘양에는 B의 기재방식으로 나타난 농지가 압도적으로 많다. 이를 근거로 판단하면 A의 토지는 권벌의 직영지이고, B의 토지는 그것에 이름이 기록되어 있는 사람에 대한 대여지라고 상정해도 좋을 것이다.

이러한 판단이 타당한지 확인하기 위해 B의 기재방식을 더 상세히 살펴보면, B에도 각양각색의 형태가 있는 것이 발견된다. 이들을 열거하면 B방식은 우선 다음 아홉 종류로 나눌 수 있다.

① 윤손답동변일석낙지尹孫畓東邊一石落只

② 오십덕작개답팔두락지五十德作介畓八斗落只

③ 천동반작답팔두락지千同半作畓八斗落只

④ 만이대전삼석오두락지萬伊代田三石五斗落只

⑤ 잉질금처매답삼두락지芿叱金處買畓三斗落只

⑥ 부질산기상전사두락지夫叱山記上田四斗落只

⑦ 만이사경전일석낙지萬伊私耕田一石落只

⑧ 만이환답사두락지萬伊換畓四斗落只

⑨ 갑손래답십두락지甲孫來畓十斗落只

①은 보통 인명 다음에 답畓이나 전田이 기록된 형태지만, ② 이하는 모두 인명과 답 또는 전이라는 글자 사이에 그 토지의 성격을 표시

하는 여러 가지 용어(위의 각 예에서 밑줄 친 부분)가 붙어 있다. 이들 용어는 무엇을 의미할까?

④의 '대代'는 '대垈'라는 문자로 표현된 경우도 있는데, 가옥 부지와 주위의 밭을 의미한다. 따라서 ④는 그곳에 이름이 표시된 사람이 사는 택지宅地를 나타낸 것으로 대여지라고 생각할 수 있다. 또 ⑤는 잉질금仍叱金이란 사람에게서 구매한 토지임을 뜻한다. 이 경우 잉질금이란 인물을 차지인借地人으로 보기는 어려우므로 직영지라고 보는 것이 좋을 것이다.

⑧의 토지는 어떤 사정으로 권벌의 소유지와 만이萬伊라는 사람의 소유지가 교환되었음을 의미한다고 생각되며, ⑨의 토지도 ⑧과 성격이 비슷한 토지라고 생각된다. 따라서 ⑧, ⑨ 두 종류도 그곳에 이름이 쓰인 인물에 대한 대여지라고는 생각되지 않는다.

이상 네 가지 형태의 토지는 앞에서와 같이 생각할 수 있지만, 이 밖에 ② 작개作介, ③ 반작半作, ⑥ 기상記上, ⑦ 사경私耕의 네 가지 형태에 대해서는 각각이 어떠한 토지인지가 명확하지 않다. 또 이들 네 가지 형태의 토지와 ①처럼 인명만 표시되어 있는 토지의 차이도 잘 알 수 없다. 근래 한국의 학계에서 작개, 기상, 사경 등의 개념에 대해 연구하고 있지만, 아직 정설이라고 할 만한 것이 없는 실정이다. 그러나 대체로 확실히 말할 수 있는 것은 ①, ②, ③, ⑥, ⑦ 다섯 가지 유형은 차지借地관계의 갖가지 변이變異를 보여준다는 점이다.

따라서 B 기재방식의 토지 중 ①, ②, ③, ④, ⑥, ⑦ 여섯 가지 형태는 대여지로 생각해도 좋지만 나머지 ⑤, ⑧, ⑨ 세 유형은 A 기재

방식의 토지와 마찬가지로 권벌의 직영지였을 가능성이 크다. ⑤, ⑧, ⑨에 속하는 토지는 6필지이므로 A의 토지를 이에 더하면 95필지(1,231두락)의 토지가 권벌의 직영지이고 나머지 92필지(1,025두락)의 토지가 각종 대여지라고 생각할 수 있다. 요컨대 권벌이 소유한 농지의 반수 이상이 직영지였고 이 직영지 경작에 필요한 노동력의 공급원이야말로 그가 소유한 다수의 노비였다고 생각된다.

지금까지는 양반을 지주地主라고 이해하는 경우가 일반적이었다. 다시 말하면 양반이란 자기의 소유지를 전호佃戶(소작인)에게 임대해주고 그 지대地代를 얻었을 뿐 생산 활동에서는 완전히 유리된 기생적 존재였다고 보아왔다. 이러한 양반의 이미지는 훨씬 후대에야 성립되었고, 16세기 단계의 재지양반층은 노비를 이용하여 직영지를 널리 경영하였다. 그리고 그들은 농업 기술의 발전과 농지 개발에도 큰 관심을 두었다. 그러면 다음 장에서는 농업의 발전과 재지양반층의 관계를 검토해보겠다.

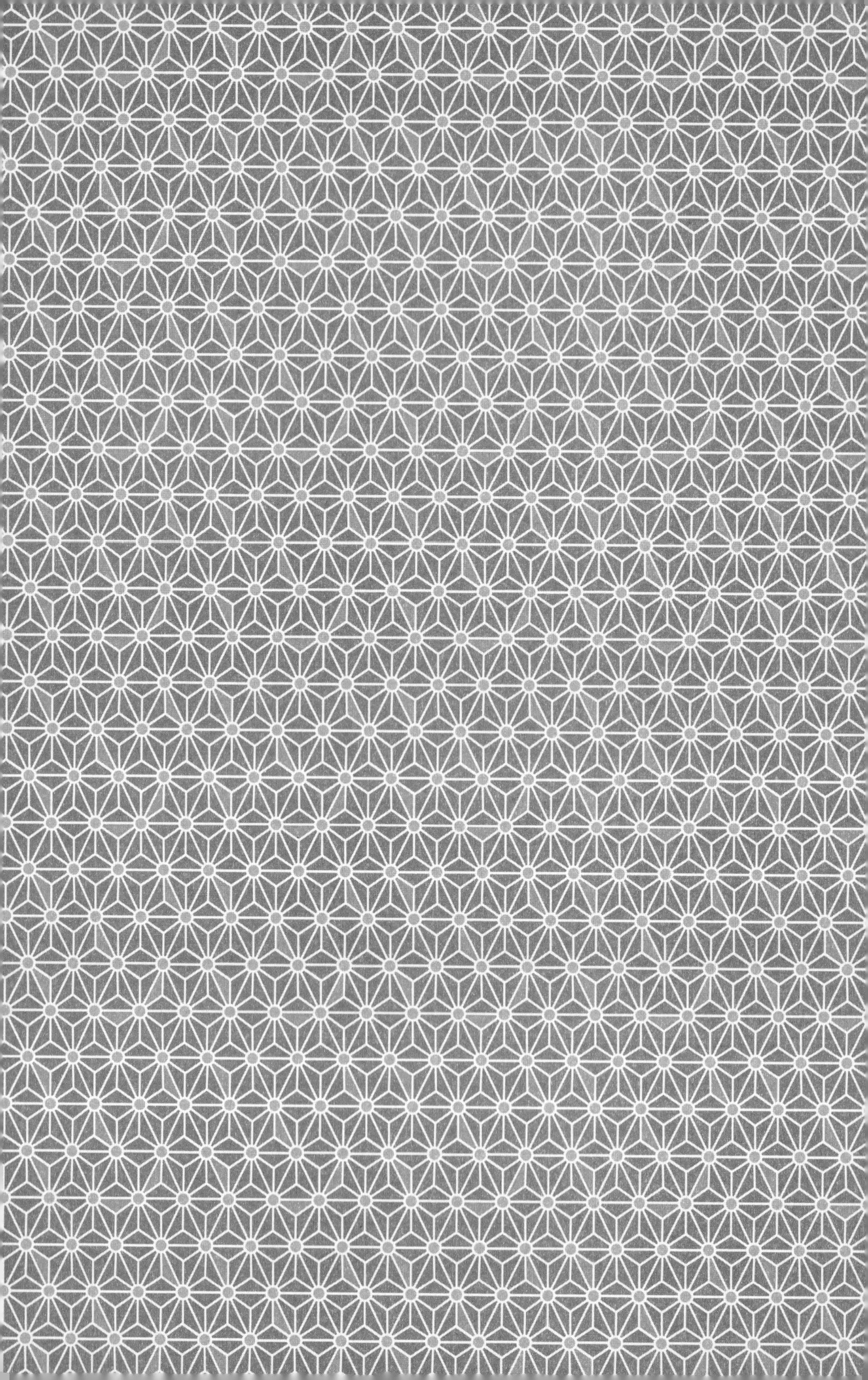

4

개발의 시대

'농서'의 출현

재지양반층이 형성되어온 조선 전기는 한국 역사상 농업 생산력이 눈부시게 발전한 시기였다. 이 시기의 농업 발전이 재지양반층 형성의 큰 원동력이 되었고, 아울러 재지양반층은 농업 기술의 발전과 농지 개발에 적극적으로 관여하였다.

조선 전기 농업 기술의 발전에서 특별히 주목해야 할 현상은 이 시기에 비로소 한국의 독자적인 농서農書가 출현했다는 점이다. 한국에서는 이미 고려시대부터 중국의『제민요술齊民要術』과『농상집요農桑輯要』등의 농서가 수입되어 어느 정도 보급되었다. 그러나 이들 농서는 어디까지나 중국의 풍토에 맞는 것이어서 거기에 기록된 농업 기술을 조선에 그대로 적용하는 데는 여러 가지 어려움이 따랐다.

그래서 조선시대에 들어서자 중국의 농서를 참고하면서 한국의 농업 기술을 체계화한 농서를 만들려고 시도한다. 이와 같은 노력이 결실을 맺어 한국 독자의 체계적인 농서로 처음 저술된 것이『농사직설農事直說』이다.

『농사직설』은 훈민정음訓民正音의 제정을 주도한 것으로 유명한 조선 4대 명군名君 세종世宗의 명에 따라 만들어진 것으로, 1429년에 완성되어 다음 해에 간행되었다. 책 편찬 경위에 대해서는 서문에 다음과 같이 씌어 있다.

우리 주상전하께서 밝은 덕을 이어 왕위에 오르신 이후 농사에 더욱 유의하셨다. 오방五方의 풍토風土가 같지 않은바, 농사의 법도는 풍토에 따라 각기 마땅한 것이 따로 있으므로 그 모두를 고서古書(중국의 옛 농서)와 같이 해서는 안 된다고 생각하시어, 각 도의 감사監司(도의 장관, 관찰사觀察使라고도 함)에게 명하시어 주현州縣의 늙은 농부들에게 각지에서 실행되고 있는 농법을 물어, 이를 보고하도록 하셨다. 다시 신臣 정초鄭招에게 보고된 내용의 취사선택을 명하셨다. 저는 종부소윤宗簿小尹(왕실의 계보系譜를 맡은 관청인 종부시宗簿寺의 정사품관) 변효문卞孝文과 함께 이 보고서를 참고로 하면서 중복을 생략하고, 요점을 가려내어 한 책으로 모았으니 이름하여 농사직설이라 한다.

위의 서문에서 보듯이『농사직설』은 각 지방의 농사 기술을 조사한 뒤 정초 · 변효문 두 사람이 정리한 것이다.『농사직설』은 내용이 매

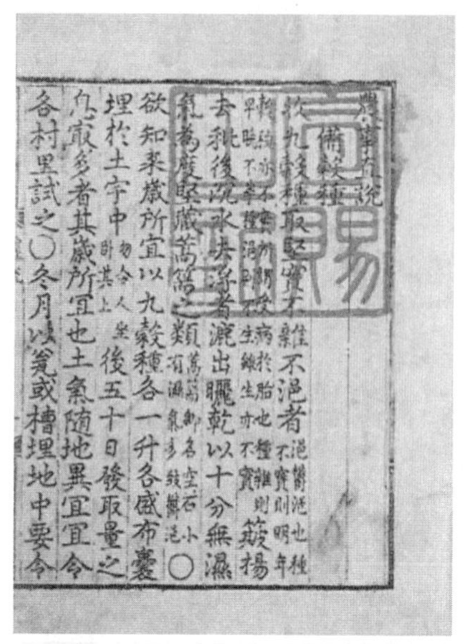
農事直說
備穀種
[illegible]九穀種取堅實不雜 不浥者 簸揚
去秋後以水淘浮者漉出曬乾以十分無濕
氣為度堅藏篅篙之類 ○
欲知來歲所宜以九穀種各一升各盛布囊
埋於土宇中 後五十日發取量之
其最多者其歲所宜也土氣隨地異宜宜令
各村里試之○冬月以瓮或槽埋地中要令

농사직설

우 뛰어나 이후 오랫동안 한국 농서의 고전으로서 지위를 누려왔다.

내용은 열 편으로 이루어져 있는데, 종자의 준비와 기경법起耕法을 서술한 두 편 외에는 삼[麻], 벼[稻], 기장[黍], 조[粟], 피[稷], 콩[大豆], 팥[小豆], 녹두菉豆, 보리[大麥], 밀[小麥], 호마胡麻(참깨와 검은깨의 총칭), 메밀[蕎麥] 등 열두 종류 작물의 재배법을 서술하는 체제를 갖추었다. 이 『농사직설』에 서술되어 있는 농법에 대해 몇 가지 주목해야 할 점을 중심으로 간단히 소개해보겠다.

우선 벼의 재배법을 보면, 벼농사법[稻作法]이 세 종류 서술되어 있다. 수경법水耕法, 건경법乾耕法, 삽종법揷種法이 그것이다. 여기서 앞의 두 가지는 모내기를 하지 않는 직파법直播法이고, 삽종법은 모내기를 하는 이앙법移秧法이다. 세 가지 재배법과 함께 『농사직설』에서는 벼의 연작법連作法, 즉 매년 같은 경지에서 벼를 재배하는 것이 전제되어 있는데, 이는 고려시대와 크게 다른 점이다.

고려시대에는 비옥한 토지를 제외하고는 2년에 한 번밖에 벼를 재배할 수 없고 나머지 1년은 토지를 묵히는 휴한법休閑法이 널리 실시되었다. 조선시대에 들어서도 이와 같이 휴한법을 실시하는 논은 북부 지방을 중심으로 있었지만 농업의 선진 지대인 남부 지방에서는 벼의 연작법이 일반화되었다는 사실을『농사직설』은 보여주고 있다.

수경법, 건경법, 삽종법 세 종류 중에서 수경법에 대한 기술이 대단히 상세한데, 이는 당시의 벼 재배가 수경법을 중심으로 영위되고 있음을 보여주는 것이다. 수경법이란 논에 볍씨를 직접 뿌리고 흙으로 덮은 뒤 물을 대는 방법으로 일본에서 수전직파법水田直播法이라 불리는 재배법이다.

모[苗]가 성장할 때까지 몇 차례 물빼기와 물대기를 반복하고 물을 뺄 때 제초 작업을 한다. 모를 옮겨 심지 않고 그대로 수확기까지 그 논에서 자라게 하는 것이다.

건경법도 역시 직파법이지만 파종 후에도 물을 대지 않고 모가 어느 정도 성장할 때까지 논이 마른 상태로 키우는 재배법으로 일본에서 건전직파법乾田直播法이라 불리는 것이다. 이 건경법은 물을 확보하기 어려운, 수리水利 조건이 열악한 논에 적합한 벼농사법인데 전근대 동아시아에서는 한국에서만 널리 행해졌던 독자적인 기술이다.

마지막으로 삽종법은 일본에서도 친숙한, 모내기를 행하는 이앙법이지만『농사직설』에서는 이 삽종법을 '농가지위사農家之危事', 즉 농가의 위험하기 짝이 없는 재배법이라 하여 몹시 기피하였다. 삽종법이 왜 위험한지에 대해서는 "이 방법은 제초에는 편리하지만 가뭄이 심한 해에는 손을 쓸 수 없다"라고 설명하였다. 직파법에서는 벼가 파종에서 수확까지 한 토지에서 재배되기 때문에 잡초가 무성하기 쉽고 제초 작업에 노력을 많이 기울이지 않으면 안 된다.

이에 비해 삽종법에서는 초기에는 못자리에서 벼가 재배되고 모내기 때 논으로 이앙되기 때문에 직파법보다는 잡초 생육이 억제될 수 있다. 이처럼 삽종법은 제초 작업이라는 측면에서 보면 직파법보다 우수하지만, 모내기 때 물을 확보할 수 없을 정도로 가뭄이 든 해에는 모내기 자체가 불가능하기 때문에 수확을 전혀 못할 우려가 있다.

『농사직설』이 삽종법을 피하라고 한 것은 삽종법의 불안정성 때문이지만 거기에는 한국의 기후 조건이 큰 이유로 작용하였다. 일본과 중국 남부 지방에서는 모내기 시기가 마침 장마와 겹쳐 모내기에 필요한 물을 확보하기가 비교적 쉽다. 그러나 장마전선이 한반도까지 북상하는 시기는 대체로 7월에 들어선 이후이므로 모내기철과 장마 시기가 일치하지 않는 경우가 많다. 이런 기후 조건 때문에 삽종법은 수리 조건이 좋은 논을 제외하고는 매우 위험한 농법이었다.

『농사직설』이 지어진 15세기 전반에는 이처럼 직파법이 논농사의 주류를 차지했는데 직파법에서 대단히 중요한 일은 제초 작업이었다. 수경법의 경우는 제초 작업이 3, 4회 권장되었는데, 특히 주목되는 것은 건경법에서 제초 작업을 강조한 것이다.

건경법의 제초 작업에 대해『농사직설』에는 "잡초가 자라면 가뭄 때문에 모가 비록 마른다 하더라도 서鋤 작업을 그만두어서는 안 된다"라고 되어 있다. 서는 호미라 불리는 작은 제초 도구다. 건경법은 모가 어릴 때 건전乾田 상태로 재배하는 방식이므로 흙 속의 수분을 모에 공급할 필요가 있다. 이를 위해서는 제초 작업을 할 때 흙의 표면을 다져 흙 속의 수분이 모세관 현상으로 증발하지 않도록 막는 것이 좋다.

흙 표면을 다져 흙 속의 수분 증발을 막는 것은 건조지에서 관개灌漑하지 않고 식물을 재배하는 이른바 한전旱田 농법dry farming에서는 대단히 중요한 안목인데,『농사직설』에 서술되어 있는 호미 작업이란 이를 가리키는 것이다. 건조 농법 기술은 동아시아에서는 중국 화북 지방의 밭농사에 널리 보이지만,『농사직설』의 건경법은 이 기술을 논농사에 응용한 것으로 한국의 기후 조건에 적응시킨 독창적인 재배법이었다.

그다음『농사직설』의 밭농사[田作]에 대해 살펴볼 때 가장 주목되는 것은 1년 2모작과 2년 3모작이라는 다모작多毛作 기술이 서술되어 있다는 점이다. 예를 들면 콩과 팥의 재배법에 관해『농사직설』은 다음과 같이 서술하였다.

> 콩과 팥의 품종에는 어느 쪽이든 올뿌림[早播]하는 것과 늦뿌림[晩播]하는 것이 있다(올뿌림하는 재배법을 향명鄕名으로는 봄갈이[春耕]라 한다. 늦뿌림 재배법은 향명으로 그루갈이[根耕]라 한다. 그루갈이라고 하는 것은 보

리와 밀의 뿌리에 씨를 뿌리기 때문이다).

향명은 조선에서 쓰는 호칭이란 의미인데, 그루갈이라는 향명의 재배법은 보리나 밀이 재배된 토지에 콩 또는 팥을 재배하는 방법이다. 이에 비해 봄갈이법은 아무것도 재배되지 않은 밭에 콩이나 팥을 재배하는 것으로 1년 1작 방식을 의미한다. 보리나 밀의 경우도 같은데, 보리나 밀을 재배했던 땅에 재배하는 경우(1년 1작식)와 기장, 콩, 조, 메밀을 재배했던 땅에 재배하는 경우(1년 2작식)로 나뉘어 경작법이 기술되어 있다.

이와 같이 『농사직설』에서는 밭농사의 경우 단모작單毛作과 다모작을 명확히 구별하여 기술하였는데, 다모작의 경우 앞 작물로 무엇이 재배되었는지 검토해보면 콩과 팥, 보리와 밀을 매년 재배하는 1년 2작식과 2년에 걸쳐 '조', '보리나 밀', '콩이나 팥'을 재배하는 2년 3작식이 기술적으로 가능한 것을 알 수 있다. 밭농사에 이런 다모작 기술이 성립된 것은 벼농사의 연작 기술과 함께 토지 이용이 고도화되었음을 의미한다.

황무지 개간 방식

『농사직설』의 내용에서 하나 주목되는 것은 황무지의 개간 방식에 대해서도 자세히 기술하였다는 점이다. 예를 들어 경지편耕地篇에서는 황무지의 개간법에 대해 다음과 같이 기술하였다.

황무지의 경우 칠팔월 사이에 흙으로 갈아 덮어 풀을 없애고 이듬해 얼음이 풀린 다음 다시 갈아 파종한다. 황무지 개간은 대개 애벌갈이는 깊게, 두벌갈이는 얕게 하는 것이 좋다(애벌갈이를 깊게, 두벌갈이를 얕게 하면 밭의 하층토가 일어날 우려가 없고, 흙을 부드러운 숙토熟土로 만들 수 있다).

황무지의 좋고 나쁨을 판별하는 방법. 흙을 한 자 깊이로 파고 그곳의 흙을 혀로 맛본다. 단맛이 나는 것이 매우 좋고, 달지도 짜지도 않은 것이 그다음이고, 짠맛이 나는 것이 가장 못하다.

이것은 밭의 개간법을 서술한 것으로 생각되는데, 논의 개간에 대해서는 벼의 재배법을 서술한 편에서 개별적으로 다루었다.

만일 초목이 무성하게 자란 곳을 새로 개간하여 논으로 만들려는 경우에는 초목을 태운 뒤 갈아두고, 삼사 년 후 그 땅의 성질을 조사해 땅에 맞는 거름을 넣는다.

만일 습기가 많은 질퍽질퍽한 황무지라면 삼사월 물풀이 자라날 때 둥근 나무를 사용하여 풀을 완전히 없앤다. 땅의 표면이 잘 부서지기를 기다려 늦벼를 뿌리고, 이번에는 섶나무 두세 개를 묶어 소에 매달아 종자에 흙을 덮는다. 이듬해에는 뢰耒(쟁기와 비슷하나 좀 작고 보습이 좁은 농기구의 한 가지. 한국에서는 따비라고 부른다-인용자)를 사용할 수 있고, 3년째에는 우경牛耕할 수 있게 된다(이렇게 하면 잡초가 자라지 않고, 제초하는 수고를 크게 덜 수 있다).

다음에서 보겠지만 조선 전기는 농지 개발이 현저히 진전된 시기였는데『농사직설』의 황무지 개간법에 대한 기술은 이러한 경지 개간을 촉진한 것으로 여겨진다.

이상에서 본 바와 같이『농사직설』은 당시 선진적 농법을 조사해 이를 하나의 체계로 정리한 것으로서, 한국의 농업이 중국의 압도적 영향에서 벗어나 독자적 발전의 길을 걸어가는 데 결정적 역할을 다하였다.

『농사직설』은 정부가 간행하여 지방관을 통해 보급에 힘썼는데, 당시에 대두하던 재지양반층은『농사직설』의 농법을 익히는 한편 이를 더욱더 발전시켰다.

『농사직설』은 국왕의 명에 따라 편찬된 관찬官撰 농서였는데, 15세기 후반이 되자 사찬私撰 농서, 즉 개인의 손으로 저술된 농서가 등장하게 된다. 이 중에서 가장 이른 것으로는 강희맹姜希孟(1424~1483)이 저술한『금양잡록衿陽雜錄』이 있다. 강희맹은 중앙 정계에서 높은 관직에까지 오른 인물인데, 정쟁을 피해 물러나 서울에서 가까운 금양현衿陽縣(현재의 금천구와 양천구 일대)에서 유유자적한 생활을 보냈다.『금양잡록』은 그가 금양에 사는 동안 농민에게서 보고 들은 것과 자신의 농사 체험을 토대로 저술한 것이다.

『농사직설』이 당시 농법 중에서 선진적인 것을 집대성한 데 비해

『금양잡록』은 금양현이라는 한 지역의 농업 상태를 기술했기 때문에 당시 농촌 실태를 한층 더 생생하게 전해준다. 예를 들면 『금양잡록』에는 당시 농민들이 농사일을 할 때 부르던 노래를 한문으로 옮겨 소개한 농요農謠가 수록되어 있다. 그중에서 '호미질[提鋤]'이란 제목의 노래는 다음과 같다.

호미질 나갈 때는 술 항아리를 잊지 마라 提鋤莫忘提酒鐘
술을 들고 갈 수 있는 것도 본래 호미질 덕분이요 提酒元是提鋤功
한 해 양식 또한 호미질에 달려 있으니 一年饑飽在提鋤
어찌 호미질이 편안하기를 바랄 건가 提鋤安敢慵

직파법이 주류를 차지하던 당시 벼농사에서는 제초 작업이 가장 힘든 일이었는데 이 농요는 이러한 실정을 웅변적으로 말하고 있다. 『금양잡록』은 조선 후기에 다수 저술되는 사찬 농서의 선구였다.

민간 농서 『농가월령』의 탄생

『농사직설』이 간행된 이후 조선 전기 농업 기술의 발전을 이해하는 데 중요한 위치를 차지하는 농서는 1619년에 저술된 『농가월령農家月

令』이다. 이 농서의 저자는 고상안高尙顔이란 인물인데, 그의 이력은 다음과 같다.

그는 1553년에 태어나 스물네 살에 과거에 합격하여 경상도 선산善山의 교수敎授(국립 지방교육기관인 향교鄕校를 맡은 관직)가 되는 것을 시작으로 쉰일곱 살에 관직에서 물러날 때까지 각지의 지방관을 지냈다. 그가 지방관으로 재직한 곳이 모두 경상도여서 그 지역의 농업 실정에 정통하였다. 함창현咸昌縣의 수령이었을 때는 보洑(수리 시설의 일종. 자세한 것은 107쪽 참조)의 축조를 지휘하여 함창, 상주尙州의 경지 3만~4만 두락에 관개의 편리를 제공하였으며, 이로써 그 지방 사람들이 비를 세워 그의 공적을 기렸다고 한다.

『농가월령』은 고상안이 관직에서 물러난 뒤 보고 들은 것을 기초로 삼아 정리한 월령[曆]식의 농서다. 거기에 기록되어 있는 농법은 그가 오랫동안 지방관을 지낸 경상북도 지역의 16세기 후반 농업 실태를 반영한 것으로 보인다. 안동을 포함한 경상북도 지역은 재지양반층이 가장 밀도 높게 형성된 지역이므로 재지양반층과 농법 발달의 관계를 살핀다는 의미에서도『농가월령』의 내용이 주목된다.

『농가월령』의 벼농사법을 보면, 묘종苗種(삽종과 같다), 수경水耕, 건부종乾付種(건경과 같다)이라는 세 가지 경작법이 서술되어 있는 점은 『농사직설』과 다르지 않지만, 묘종법이 수경법과 대등한 비중으로 기술되어 있다는 사실이 두드러진다.

『농사직설』에서는 묘종법(삽종법)이 '농가의 위태로운 일'로 되어 있지만, 『농가월령』에서는 이런 서술은 전혀 보이지 않고 서술 분량으로 보아도 묘종법이 수경법과 대등한 지위를 차지한다. 이러한 사정에서 15세기 이후 경상도 북부 지역에 묘종법이 보급된 사실을 살필 수 있는데, 그렇다면 이것이 가능했던 조건은 무엇이었을까?

『농사직설』에서 묘종법이 위험시된 것은 모내기철에 물을 확보하기가 곤란하였기 때문이다. 따라서 묘종법이 보급되려면 장마가 늦은 해라도 모내기철에 물을 충분히 확보할 수 있는 수리관개 시설을 정비해야 했다.

한국에서는 예부터 저수지가 축조되어 관개 시설의 중심을 이루었는데, 조선 전기에 관개 시설로 급속히 보급되기 시작한 것은, 하천을 막아 수위를 높여 수로를 통해 하천수를 논에 끌어들이는 보洑라는 시설이었다. 저수지는 축조하려면 대규모 공사가 필요했기 때문에 국가가 나서야 했지만, 보는 사람의 손이 그다지 필요하지 않았기 때문에 민간에서도 충분히 축조할 수 있었다. 다음에서 보듯이 재지양반층은 새로 정착한 지역에 적극적으로 보를 축조하였다.

『농가월령』의 벼농사법에서 또 하나 주목되는 것은 건경법(건부종법) 기술에 큰 진전이 보인다는 점이다. '사월절입하四月節立夏(양력으로는 5월 6일 전후) 조'에서는 건부종법에 대해 다음과 같이 서술하였다.

> 봉천지奉天地(관개 시설이 없어 비에 의존하는 토지)에서 만일 아직도 비가 내리지 않았다면 건부종법을 시행하는 것이 좋다. 이때 품종은 밀달조密達租를 사용한다. 이 밖의 품종은 재배하지 않는다. 흙은 굵게 갈아둔다. 흙을 촘촘히 갈아 지나치게 가늘게 하면 (흙에 포함된 수분이 증

매번지

발되기 때문에) 벼가 발아하지 못한다. 파종한 후에는 곧 시비柴扉를 그 위로 끌어 흙덩어리를 부숨과 동시에 (시비 밑의) 흙을 단단히 해두는 것이 좋다. 시기가 되지 않았는데 건부종을 빨리 하면 모가 자라지 않는 사이에 잡초가 무성히 자라나 제초하기가 곤란하다. 따라서 건부종을 빨리 하면 안 된다.

『농사직설』의 건경법에서는 "만도晩稻만 길러서는 안 된다"라고 하여 특별히 품종을 지정하지 않았지만 『농가월령』에서는 밀달조라는 건경법용의 특별한 품종을 지정하였다.

건경법용의 독특한 농기구로 '시비'가 등장하는 것도 『농사직설』에는 보이지 않는 점이다. 시비는 시비번지柴扉飜地의 약칭으로 보인다. 시비번지는 번지(논밭의 흙을 고르는 데 쓰는 농기구의 한 가지)에 섶나무를 동여맨 농기구다. 근대가 되자 섶나무 대신 새끼줄을 동여매고 매번지라 불렀다.

파종 후 곧 이 시비번지를 소로 하여금 끌게 한다. 시비번지의 아래판 부분이 흙을 눌러줌으로써 흙 속의 수분이 모세관 현상에 따라 상승하여 볍씨에 물을 공급한다. 동시에 섶나무가 볍씨 위의 큰 흙덩어리를 부수어 발아가 잘되게 하는 한편, 흙이 너무 밀착되지 않게 함으로써 모세관 현상으로 인한 수분 상승을 막아 흙 표면의 수분 증발을 막는다.

파종하기 전의 주의점으로 '흙은 굵게 갈아둔다'는 것도 흙 속의 수분 증발을 막기 위한 조치다. 물을 대지 않고 모를 키우는 건경법에서 대단히 중요한 점은 볍씨에 수분을 충분히 공급하는 것과 함께 흙 표면의 수분 증발을 막는 것이다. 시비번지는 이와 같이 목적이 상반된 두 작업을 동시에 할 수 있는 농기구인데, 건경법에 잘 어울리는 농기구라고 할 수 있다.

『농가월령』에 반영되어 있는 것처럼, 경상도 북부 지방에서는 『농사직설』 이후 수리 조건의 개선에 따른 묘종법의 확대와 수리 조건이 나쁜 논에서의 건경법 기술의 진전이라는 두 가지 방향으로 벼농사법이 발전한 것이다. 그리고 이런 방향은 17세기 이후 전국적으로 보급되었다. 1655년에 『농사직설』을 증보하여 편찬한 『농가집성農家集成』에는 경상도 지방의 벼농사 기술이 상세히 소개되어 전국적인 보급이 도모되었다.

농지의 개발과 재지양반층

조선시대 경지 면적의 추이에 대해서는 잘 알려지지 않은 것이 많다. 그러나 15세기부터 17세기에 걸쳐 남부 지방을 중심으로 경지 면적이 매우 빨리 늘어났다는 것은 거의 확실하다. 〈표 1〉은 『조선왕조실록朝鮮王朝實錄』 등의 사료에서 들고 있는 도별 경지 면적의 추이를 나타낸 것이다. 이 표를 보면 도별로는 차이가 크지만 조선시대 전체로는 경지 면적에 그다지 큰 변화가 없고 후기가 되자 오히려 경지 면적이 감소한 듯한 인상을 주는데, 이 표에는 여러 가지 문제점이 들어 있다.

첫 번째, 〈표 1〉의 숫자는 경지 면적을 결수로 표시한 것으로 경지의 절대 면적을 나타낸 것이 아니다. 두 번째, 그 수에는 경작지뿐만 아니라 그 시점에서는 경작되지 않는 토지도 포함되어 있다는 것이다. 따라서 〈표 1〉의 숫자를 그대로 경지 면적의 추이와 직결하는 것은 아무래도 무리가 있다.

도별로 보면 남부 3도(충청, 경상, 전라)에서는 조선 전기에 걸쳐 결수가 증가한 데 비해, 북부 4도(황해, 강원, 평안, 함경)에서는 1424년부터 1591년에 걸쳐 결수가 대폭 감소된 것을 알 수 있다. 이러한 극단적인 지역별 차이도 〈표 1〉에 나타나는 숫자의 신빙성에 의문을 던지게 하는 점이다.

우선 토지 면적이 결수로 나타나 있는 점에 대한 것인데, 이 책 84

〈표 1〉 조선시대의 경지 면적 추이(단위: 결)

연대 / 도명	1404	1424	1501년경	1591(1)	1591(2)	1721
경기도	149,300	194,270	—	147,570	150,000	101,256
충청도	223,090	236,114	231,995	252,503	260,000	255,208
경상도	224,625	261,438	295,440	315,026	430,000	336,778
전라도	173,990	246,268	368,221	442,189	440,000	377,159
황해도	90,922	223,880	101,600	106,832	110,000	128,834
강원도	59,989	65,908	34,814	34,831	28,000	44,051
평안도	6,648	311,770	—	153,009	170,000	90,804
함경도	3,271	130,406	—	63,831	120,000	61,243
계	931,835	1,670,054	—	1,515,591	1,708,000	1,395,333

자료) 1404년: 『태종실록』 6년 5월 임진, 1424년: 『세종실록지리지』, 1501년경: 이재룡, 「16세기의 양전과 진전수세(손보기박사정년기념한국사학논총)」, 1591년(1): 『반계수록』, 1591년(2): 『증보문헌비고』 권148, 1721년: 앞의 책 권142

쪽에서 서술한 것처럼 '결'은 토지 비옥도의 차이를 가미한 면적 표시 방식이므로 같은 1결의 토지라 해도 1등의 토지와 6등의 토지는 절대 면적에서 네 배 차이가 있었다. 그러므로 넓이가 같은 토지라도 여섯 개 등급 어디에 해당되느냐에 따라 결수에 큰 차이가 생기게 된다. 각 토지의 등급은 국가가 시행하는 양전量田에 따라 정해졌기 때문에 양전을 엄격히 시행하는가, 느슨하게 시행하는가에 따라 결수가 크게 변동하는 것이다. 다음에 서술하겠지만 조선 전기의 양전은 후기의 양전에 비해 몹시 엄격히 시행된 듯하다. 그래서 전기의 결수가 후기의 결수보다 더 큰 경향이 있었다.

또 조선시대의 양전에서는 경작 중인 토지뿐만 아니라 전에는 경지였다가 경작이 포기된 토지도 조사되어 양안量案(토지대장)에 등록되었다. 경작 중인 토지를 '기지起地', 경작이 포기된 토지를 '진지陳地'라 하는데, 조선 전기의 사료로는 기지와 진지가 어떤 비율로 존재했는지 알 수 없다.

〈표 1〉의 결수 표시 다음의 문제점으로 지적한 남부와 북부의 결수 변화 경향의 차이는 다음과 같은 사정 때문이라고 생각된다. 북부 지방은 남부 지방에 비하면 대체로 농업 생산력이 낮은데, 조선 초기의 양전에서는 이러한 실정을 무시하고 북부 지방에 높은 등급을 설정하였기 때문에 결수가 지나치게 크게 나타난 것이다. 그러나 15세기 후반 이후에는 이런 방침이 변경되어 북부 지방에는 6등의 토지보다 더 낮은 등급이 설정됨으로써 토지 생산력의 실정에 따른 양전이 시행되게 된다. 16세기 이후 북부 지방의 결수가 대폭 줄어든 것은 이러한 양전 방법의 차이에 따른 것으로 경지 면적의 감소를 나타내는 것은 아니라고 여겨진다.

이와 같이 〈표 1〉의 숫자에는 여러 문제가 있어 이 숫자가 그대로 경지 면적의 추이를 나타내는 것이라고는 생각되지 않지만, 남부 3도만 보면 조선 전기에 걸쳐 결수가 점점 증가하고 있고, 이것은 실정에 가까운 것이라고 생각된다. 특히 경상도와 전라도의 결수 증가가 두드러진데, 두 도의 경지 개발 상황을 좀더 구체적으로 살펴보겠다.

경상도의 경지 개발 상황을 구체적으로 알아보기 위해 안동의 경우를 예로 들어보겠다. 안동(관할 아래의 군현, 부곡을 포함)의 경지 면적이 밝혀진 가장 오래된 기록은 1454년에 편찬된 『세종실록지리지』에 실려 있다. 이에 따르면 모두 1만 1,283결의 기지와 진지가 존재했는데, 그중 논이 7분의 2이라고 기록되어 있다. 각 지역의 결수는 국가가 시행하는 양전으로 결정되었다. 안동을 포함한 경상도의 양전 중 1454년에 가장 가까운 것은 1429년의 양전이므로 이 숫자는 1429년 시점의 결수를 나타낸 것이다.

『세종실록지리지』 다음으로 오래된 기록으로는 안동의 지방지인 『영가지永嘉誌』에 실린 결수가 있다. 영가란 안동의 옛 지명으로, 『영가지』는 권기權紀, 권행가權行可 두 사람이 1602년에 편찬하기 시작하여 1607년경에 완성한 책이다. 덧붙여 말하면 두 편자는 모두 안동 권씨에 속했는데, 권행가는 권벌의 조부인 권곤의 형 권개權玠의 증손인 권호문權好文의 아들(160쪽 참조)이다.

『영가지』에는 안동의 토지 결수로 밭 8,906결, 논 3,497결, 합계 1만 2,403결이란 숫자가 나타나 있다. 이는 『영가지』가 편찬되기 시작한 1602년에 앞서 시행된 경상도의 양전은 1492년의 것이기 때문에 이 결수는 1492년 양전의 결과에 따른 것으로 생각된다. 따라서 결수 표시라는 한계는 있지만 1429년에서 1492년에 이르는 동안 안동의 결수는 1,120결 정도 증가한 것이 된다.

『영가지』 다음에 안동의 결수 기록으로는 전국적 지지地誌로 18세기 중엽에 편찬된 『여지도서輿地圖書』에 실린 숫자가 있다. 이때의 결수는 1718~1720년에 걸쳐 시행된 경상도 양전에 따른 것인데, 안동의 결수는 밭 9,884결, 논 4,082결, 합계 1만 3,966결로 되어 있다. 따라서 안동에서는 1492년에서 1718년에 이르는 200년을 넘는 기간에 결수가 1만 2,403결에서 1만 3,966결로 불과 1,563결밖에 늘어나지 않았는데, 실제 경지 면적은 매우 많이 증가한 것으로 생각된다. 이렇게 말할 수 있는 것은 경상도에서는 조선 후기의 양전보다 조선 전기의 양전에 토지 등급이 더 높게 설정되었기 때문이다.

조선 전기의 양전에 1등에서 6등까지의 토지가 어떻게 분포되어 있었는지를 직접적으로 알 수 있는 사료는 존재하지 않지만『경북지방 고문서 집성』에 수록되어 있는 분재기를 통해 이 문제를 어느 정도는 추측해볼 수 있다.『경북지방 고문서 집성』에 수록되어 있는「박유남매화회문기朴瑜男妹和會文記」라는 제목의 분재기에는 상속된 각각의 토지에 대해 양전 결과 설정된 1등에서 6등까지의 등급이 표시되어 있다.

이 일족은 경상도의 영해寧海를 세거지로 삼아 이 지역을 중심으로 광대한 농지를 보유했다. 분재기의 작성 연대는 1631년으로 이 분재기에 기록되어 있는 각 토지의 등급은 1492년 경상도 양전에서 설정된 것으로 보인다. 따라서 이 분재기의 등급 기록으로 1492년 양전의 1등에서 6등까지의 토지가 각각 어떠한 비율로 설정되어 있었나를 알 수 있다.

이 분재기에서 등급이 표시되어 있는 토지는 전부 26결 81부 1속이나 되지만, 그 1등급에서 6등급까지의 비율은 다음과 같다. 1등 20%, 2등 36%, 3등 28%, 4등 8%, 5등 4%, 6등 4%. 1등에서 6등까지 각 등급의 토지 1결이 어느 정도 면적이었는지는 법으로 정해져 있어 분명하기 때문에 각 등급이 차지하는 비율과 등급마다의 면적을 가중 평균하여 1결당 평균 면적을 구하면 4,280평이 된다.

한편 조선 후기 양전의 1등에서 6등까지 각 토지의 분포에 대해서는 와다 이치로和田一郎의 조사 결과가 알려져 있다. 와다 이치로는 일본이 1910년에 한국을 식민지화하고 나서 시작한 '토지조사사업'(1910~1918)에 깊이 관여한 사람으로, 이 사업을 수행하기 위해 당시 남아 있던 조선 후기의 양안을 조사하였다.

그의 조사에 따르면 경상도 지방 양안의 1등에서 6등까지의 토지 비율은 1등 11%, 2등 15%, 3등 22%, 4등 25%, 5등 5%, 6등 23%였다. 이것을 앞에서와 같은 방법으로 계산하여 1결당 평균 면적을 구하면 5,526평이 된다.

위의 숫자에서 판명된 바와 같이 경상도에서는 후기의 양전보다 전기의 양전에서 토지 등급이 더 높게 설정된 것으로 보이는데, 이런 사실로 비추어보아 1결의 평균 면적이 전기에서 후기에 걸쳐 4,280평에서 5,526평으로 1.3배 정도 증가한 것으로 생각할 수밖에 없다.

따라서 『여지도서』에 실린 1718년 안동의 결수를 『영가지』에 실린 1492년의 결수와 비교하기 위해서는 전자에다 1.3을 곱하지 않으면 안 된다. 이렇게 하면 1718년의 결수는 1만 8,156결이 되므로 1492년에서 1718년 사이 안동의 결수는 전기의 결수 기준으로 5,753결이 증가하였음을 보게 된다. 이 증가율은 46%라는 큰 수치로, 안동에서는 16~17세기 2세기 동안 경지 면적이 1.5배 정도 증가한 것으로 생각된다.

그러면 이와 같은 급속한 경지 면적의 증대는 16세기와 17세기 중 주로 언제 일어났을까? 1592년에 일어난 임진왜란은 국토를 크게 황폐화했다. 주된 전쟁터 중 하나였던 경상도 지방의 피해는 특히 심했지만, 이러한 피해는 17세기 한 세기에 걸쳐 복구되었다. 이런 경위를 생각한다면 안동의 경지 면적은 주로 16세기에 이미 증가하고 있었다고 보는 것이 타당할 것이다. 그리고 경지 개발이 급속히 진전된 16세기야말로 재지양반층이 농촌 지역에 정착하여 일제히 형성된 시기이기도 했다.

권벌이 소유했던 광대한 농지 중에도 개발로 획득한 것이 상당한 비중을 차지했다고 여겨진다. 그는 고향인 도촌에서 내성의 유곡으로 이주하였는데, 이주와 동시에 유곡 개발에도 힘썼음에 틀림없다. 또 권벌의 소유지가 가장 많았던 춘양에서도 농지 개발을 적극적으로 진척했다고 여겨진다.

앞서 소개한『세종실록지리지』에 실려 있는 호구 통계에 따르면 15세기 중엽 내성은 83호 371인, 춘양은 42호 105인의 인구밖에 기록되어 있지 않다. 이『세종실록지리지』의 호구수는 당시 실제 인구수를 그대로 나타낸 것이 아니라, 아마 국가에 군역軍役을 지고 있던 호구만 집계한 숫자로 생각된다.

그렇다 하더라도 안동의 호구수가 847호 3,320인이라는 것과 비교해보면 내성과 춘양이 사람이 드문 미개발지였다는 것을 알 수 있다. 권벌은 이런 미개발 지역에서 많은 노비를 동원해 농지 개발을 진행한 것으로 생각된다.

산간과 해안 지역의 농지 개발

내성현에서는 권벌이 이주한 유곡 외에도 16세기에 많은 양반이 새로이 거주지를 이루었던 듯하다. 『영가지』에 실린 내성현의 촌락 일람을 보면 모두 열여덟 개 촌락 중 아홉 개 촌락에 사족士族(재지양반)이 거주하는 것으로 기록되어 있다. 더구나 주목되는 것은 이 촌락들 대부분에 수리 시설인 보가 설치되어 있다고 주기된 점이다. 유곡도 그러한데 재지양반층이 새로운 거주지로 거처를 정한 지역은 약간 높은 산록으로 앞에는 평지가 트여 있는 지역이 매우 많다. 재지양반층은 이러한 지리적 조건을 갖춘 곳에 거처를 정하고, 산에서 흘러나온 작은 하천에 보를 만들어 평지에 논을 개발한 것으로 보인다.

안동과 그 주변 지역에는 해발 500미터 전후의 산이 많다. 재지양반층은 이런 산간 평지 지역에 진출하여 그곳을 세거지로 정하고 농지 개발을 적극적으로 추진했다. 권벌 일족의 재산 규모가 16세기를 통해 급속히 확대된 것도, 이런 개발의 진전을 그들이 담당하였기 때문에 가능하였을 것으로 여겨진다.

이처럼 경상도 지방, 특히 북부 지역에서는 16세기를 중심으로 재지양반층이 담당자가 되어 산간 평지 지역이 개발되었다. 그러나 경상도와 마찬가지로 조선 전기에 농지 면적이 급속히 확대된 전라도에서는 개발 양상이 상당히 달랐다. 여기서는 전라도, 특히 해안 지대의 개발 양상을 보여주는 것으로 해남 윤씨海南尹氏의 예를 소개한다.

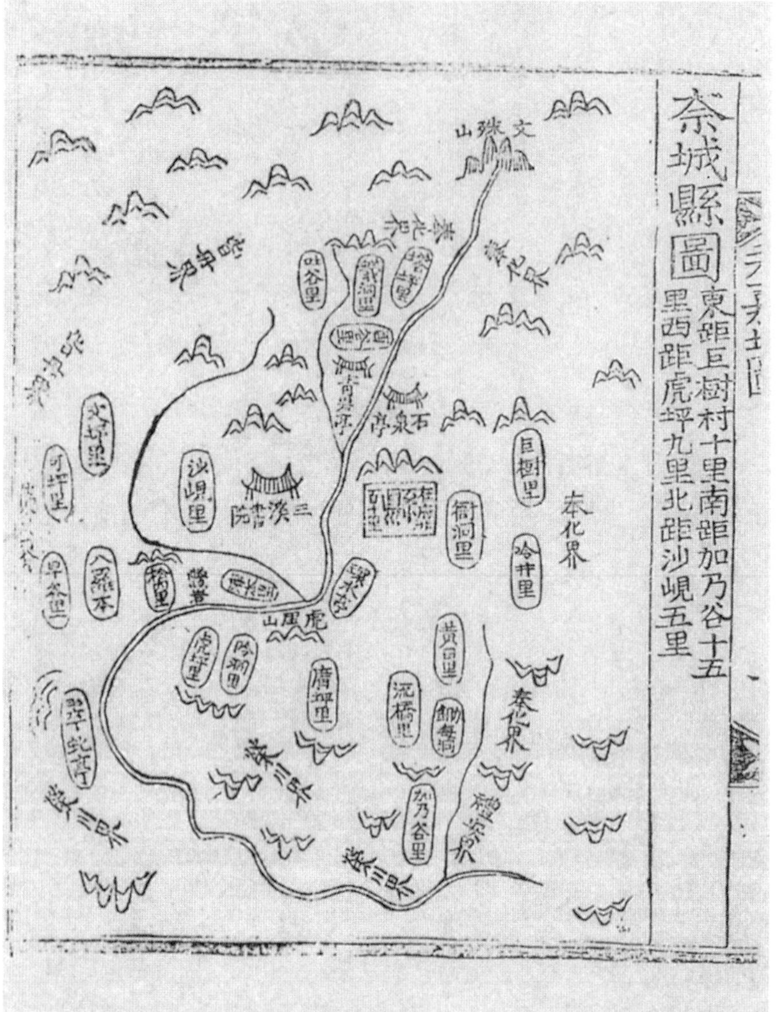

『영가지』에 수록된 내성현 지도 권벌 일족과 관련이 깊은 청암정, 석천정, 삼계서원도 지도에 나타나 있다.

전라남도 해남의 연동蓮洞을 세거지로 하는 해남 윤씨 어초은파漁樵隱派 종손가에는 고문서가 방대한 양이 소장되어 있는데, 그 일부는 종손가 맞은편에 세워진 보물관寶物館에 전시되어 있다. 이 고문서는 대부분 한국학중앙연구원 정구복 교수팀이 조사해『고문서집성 3, 해남 윤씨편』으로 간행되었다. 이 일족은 윤효정尹孝貞(1476~1543)을 파조로 하는데, 윤효정의 사대손인 윤선도尹善道(1587~1671)를 낳은 가문으로 세상에 알려져 있다. 윤선도는 관료로서 높은 지위에까지 올랐는데, 특히 문학사상文學史上으로도 저명하여 한국 고유의 정형시인 시조에서 걸작을 많이 남겼다.

고문서 중에는 분재기도 다수 포함되어 있는데 18세기 초 이 일족의 재산 규모가 최대에 달했던 듯하다. 윤선도의 증손인 윤두서尹斗緖가 자녀 열두 명에게 물려준 재산은 노비 584명, 농지 2,400두락 이상의 막대한 규모였다. 이 시기 1두락은 150평에서 200평으로 상정되기 때문에 120~160헥타르의 농지를 소유했던 것으로, 이것은 앞에서 본 권벌 일족의 소유 규모를 훨씬 넘어선다.

해남 윤씨의 농지 소유의 특징은 해안 지역에 집중되어 있는 것으로, 권벌의 소유지가 춘양을 제외하고는 작은 면적으로 분산되어 있던 것과 대조적이다. 이런 집단적인 농지 소유는 해안 지역에서 간척으로 농지를 개발한 것과 관련이 있다.

해남 윤씨의 해안 지역 개발 양상을 엿볼 수 있는 문서로 주목되는 것은 1675년과 1676년에 걸쳐 세 차례 관가에 제출한 소장訴狀이다. 소장 제출자는 윤선도의 아들 윤인미尹仁美(1607~1674)가 소유한 홍렬

洪烈이란 남자종으로서 소송 내용을 간단히 정리하면 다음과 같다.

만력萬曆 연간 초기에 제 상전上典의 선조가, 해남 지방의 동은 우동대로牛洞大路, 남은 당산堂山, 서는 해변, 북은 초피사椒皮寺의 북령北嶺을 각각 경계로 한 지역이 온통 황무지여서, 이곳을 관에 신청하여 자기의 농소農所로 삼는 것을 인정받았습니다. 당초 많은 사람이 이곳에 입거入居하여 개발을 진척하고 경작을 하여 아무런 문제도 없었습니다. 그런데 관에서 소유를 인정받은 직후 당시 주인이 관직에 종사하기 위해 서울에 가고 없었으므로 토지 관리에 마음을 다할 수 없었습니다. 그 때문에 시간이 지나자 농소를 경작하던 사람들이 자기 소유지라고 속여 토지를 팔거나, 양안에 자기 이름을 등록하는 사태가 생기게 되었습니다. 이 농소가 제 상전 소유지인 것은 관에서 내어준 인가서를 보더라도 명확하기 때문에 부정하게 소유권을 주장하는 자를 처벌하기 바랍니다.

소송에 나오는 윤인미의 선조는 윤선도의 아버지인 윤유기尹唯幾(1554~1619)로, 그는 1580년 문과에 급제해 서울로 갔다. 따라서 그가 농소를 설치한 만력 초년은 1580년(만력 8)으로 보인다. 윤유기가 농소를 설치한 방법은 입안절수立案折受라 불리는 것이다. 이것은 일정 지역 내의 토지를 개간하는 조건으로 그 토지의 소유권을 관에 신청해 관에서 허가를 얻는 방법이다. 그리고 실제 개간에서는 토지 소유자가 자금을 내고 노비와 일반 농민이 노동력을 제공했다.

해남 윤씨 어초은파 종가

조선 전기 사료 중에는 한반도 서해안 지역의 간척에 진전을 보여 주는 것이 많다. 서해안은 세계에서도 손꼽힐 정도로 조수 간만의 차이가 심한데, 이 간만의 차이를 이용하여 간척이 성행하였다. 간척 방법은 서울에 거주하는 양반이나 지방의 유력한 양반이 입안절수를 받아 노비와 일반 농민을 동원해 간척하고 그곳에 농지를 조성하는 것이 일반적이었다. 그렇게 조성된 농지를 언전堰田이라 했는데, 해남 윤씨의 소유지에는 이런 언전이 다수 포함되었을 것이다. 경상도 북부 산간 지대에서는 재지양반층이 산간 평지 지역을 개발했는데, 전라도 해안에서는 양반층이 대규모 농지를 개발한 것이다.

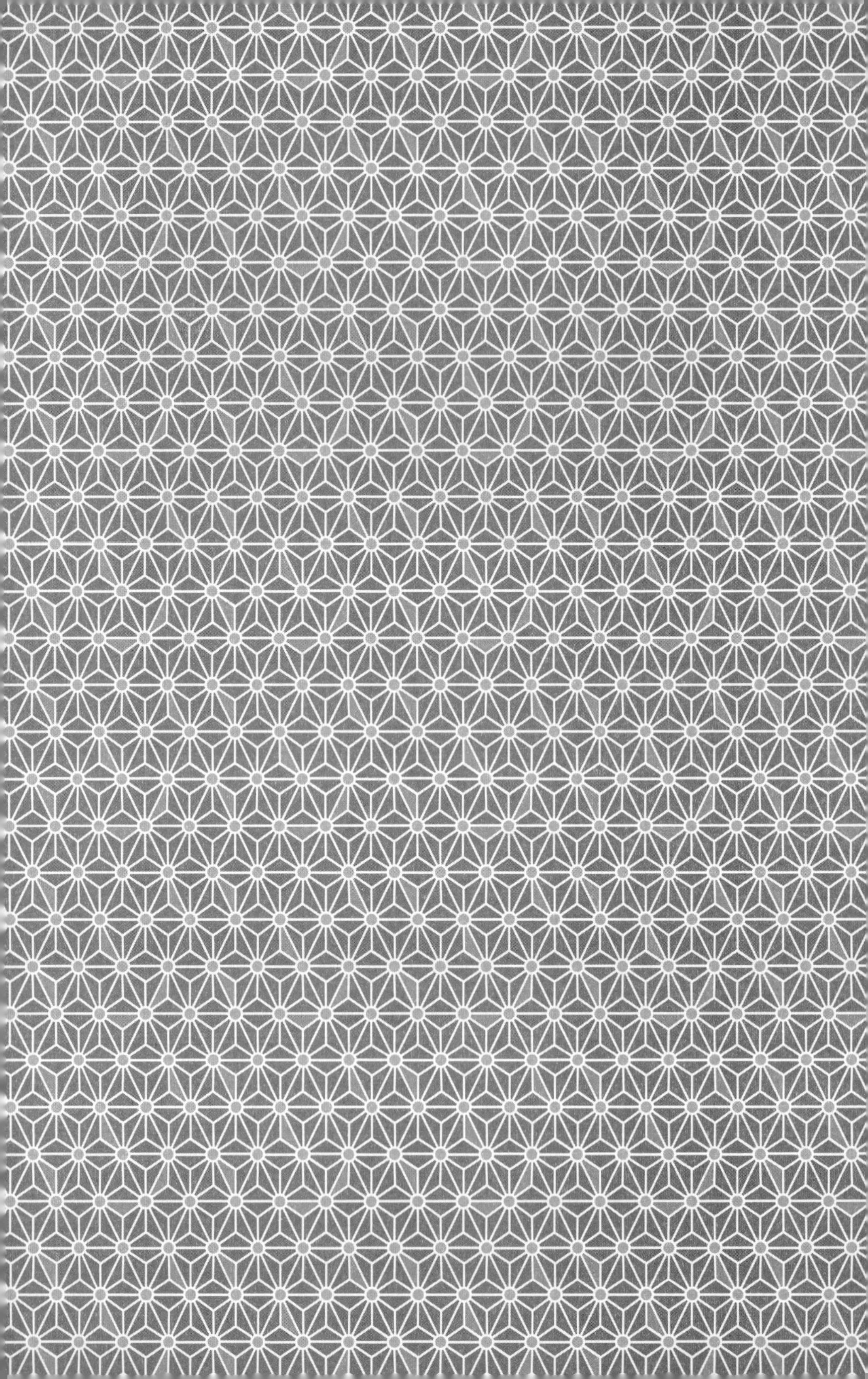

5

양반의 일상생활

『쇄미록』에 대하여

앞에서는 재지양반층의 형성 과정과 경제적 배경을 살펴보았는데, 그러면 당시 양반들의 일상생활은 어떠했을까? 이를 알아보는 데는 양반들이 직접 쓴 일기류가 대단히 중요한 사료가 되겠지만, 아쉬운 점은 16~17세기 재지양반층의 일상생활을 엿보게 해줄 만한 일기가 거의 발굴되지 않았다는 것이다.

조선 말기인 19세기 이후 일기류는 재지양반층의 것을 포함해 상당히 많이 알려져 있지만, 18세기 이전의 것에 대해서는 앞으로 사료 발굴의 진전을 기대할 수밖에 없다.

앞에서도 언급한 것처럼 권벌이 일기를 남겼지만, 일기에는 중앙 정부의 관료였던 시기의 공적 활동만 기록해서 사적 생활에 대해서는 전혀 짐작할 수 없다.

이러한 상황에서 재경양반층이 저술한 일기로 저명한 것이 바로 『쇄미록瑣尾錄』이다. 이 『쇄미록』을 자료로 삼아 16세기 양반층의 생활 모습의 일단을 소개해보겠다.

『쇄미록』은 서울에서 거주한 오희문吳希文(1539~1613)이라는 사람이 쓴 일기다. 오희문은 해주 오씨海州吳氏의 일족으로 재경양반층에 속했지만 자신은 관직이 없었고, 만년에 장남의 출세에 힘입어 선공감감역繕工監監役이란 명예직에 올랐을 뿐이다.

오희문은 자녀를 4남 3녀 두었는데, 장남인 오윤겸吳允謙은 문과에 급제하여 17세기 전반 인조 시대에 관료로는 최고 지위인 영의정에까지 올랐다. 덧붙여 말하면, 오윤겸은 1617년 통신사通信使로 일본에도 다녀왔다.

1591년 11월 27일(음력) 오희문은 남자종 두 명을 대동하고 전라도 방면으로 여행을 떠났다. 여행의 목적은 전라도 장수현長水縣의 수령으로 있던 처남 이빈李贇과 영암靈岩으로 시집간 손아래누이를 방문하고, 장흥長興(전라도)과 성주星州(경상도)에 있는 외방노비의 신공身貢을 징수하기 위해서였다.

그런데 이 여행 도중인 1592년 4월 도요토미 히데요시豊臣秀吉의 조선 침략, 이른바 임진왜란이 발발한다. 오희문은 장수에 머무르는 도중 이 전쟁을 만나는데, 이후 10년 동안 어쩔 수 없이 피난 생활을 하게 된다.

그는 장수에서 충청도 임천林川으로 옮겨 이곳에서 4년간 피난 생

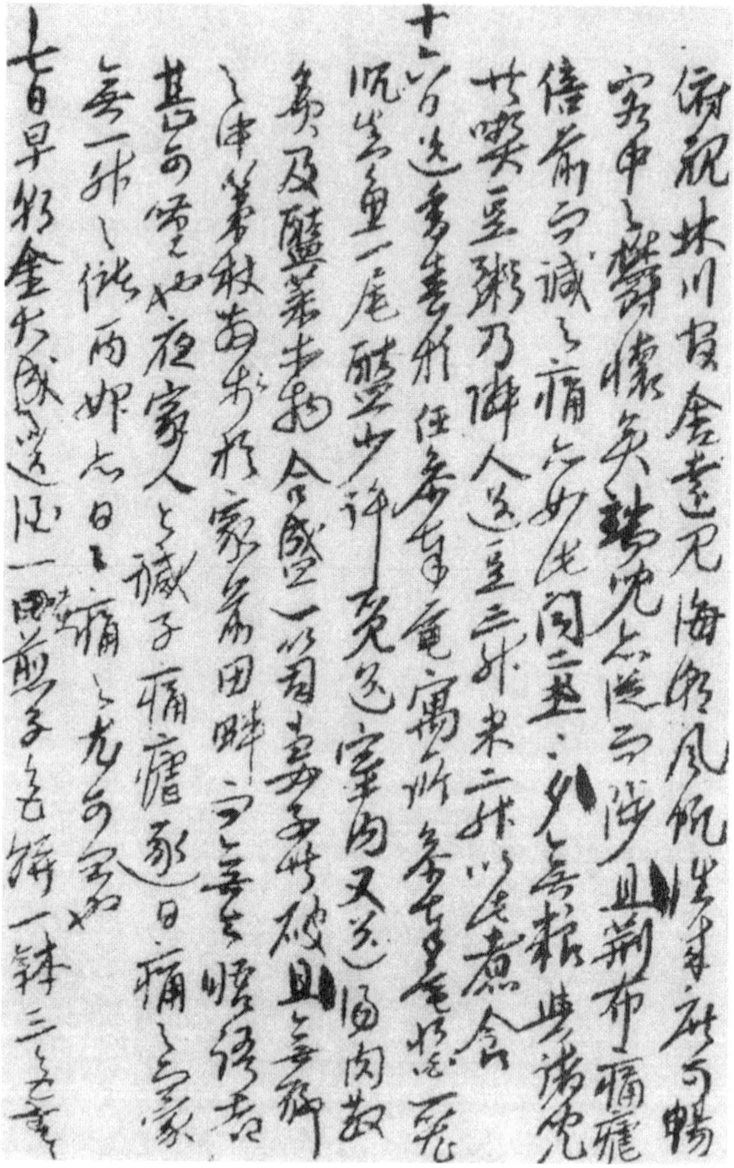

『쇄미록』 원본 재경 양반인 오희문이 피난생활 중에 쓴 일기다.

활을 한다. 임천에 거처를 정한 것은 이 지역에 오희문의 친구가 많았고, 오윤겸의 친구로 오희문의 장녀와 결혼할 신응구申應榘라는 사람이 임천과 가까운 전라도 함열咸悅(지금의 익산시 함열읍) 수령으로 있었기 때문이다.

서울에 있던 아내 등 가족도 임천으로 불러들여 오희문 일가는 임천에서 계속 생활했는데, 1597년에 일가는 강원도 평강平康으로 거처를 옮긴다. 오윤겸이 평강의 수령으로 부임하였기 때문이다. 임천에서 평강까지 여행하는 도중 오희문이 가장 사랑하는 막내딸을 병으로 잃는 비운을 겪기도 하면서 일가는 평강에 가까스로 도착하여 그곳에서 다시 4년간 피난 생활을 계속한다. 그리고 1601년 2월에 일가는 간신히 서울의 옛집으로 돌아와 10년에 걸친 피난 생활에 종지부를 찍는다.

『쇄미록』은 이 10년간의 사건을 적은 일기로, 서울을 출발한 날부터 1592년 6월까지의 여행 모습을 기록한 「임진남행일기壬辰南行日記」와 1592년 7월부터 1601년 2월 27일까지 피난 생활의 모습을 쓴 「일록日錄」 두 부분으로 되어 있다. 특히 「일록」 부분은 거의 하루도 빠짐없이 피난 생활 중의 일을 자세히 기록해서 일기 사료로 가치가 뛰어나다. 『쇄미록』이라는 제목은 오희문이 『시경詩經』에 수록된 시의 한 구절인 "쇄혜미혜 유리지자瑣兮尾兮 流離之子(자잘하디 자잘한 이, 떠도는 사람이도다)"에서 따와 붙인 것으로 유랑 생활의 어려움과 슬픔을 상징하는 말이다.

『쇄미록』은 임진왜란 중의 일기라는 점에서 사료적 가치가 인정되어 1971년 국사편찬위원회에서 활자본으로 출판했다. 다시 1990년에는 오희문 자손들의 동족집단인 해주 오씨 추탄공파楸灘公派(추탄은 오윤겸의 호) 종친회에서 이민수李民樹 번역으로 국역본을 출판했다. 나는 1991년 4월부터 1년 반 동안 가족과 함께 서울에서 거주했는데, 그때 『쇄미록』의 국역본 출판을 알게 되었다. 그러나 비매품이라 고서점에서도 구하기가 어려워 서울 강남구 청담동에 있는 해주 오씨 추탄공파 종친회 사무실로 찾아갔다. 그러자 종친회 회장인 오세영吳世榮 씨가 직접 만나주었는데 내가 방문 목적을 말하자 번역본을 흔쾌히 기증해주었다. 오세영 씨가 사는 곳이 마침 나와 같은 아파트였던 적도 있어 직접 말씀을 들을 수 있었던 것은 뜻밖의 일이었다.

여담이지만 한국인은 학문 연구에 몹시 관대하다. 연구 주제와 관련하여 한국의 동학同學들과 각지의 군청과 면사무소, 농지개량조합 사무소 등에 자료 조사를 하러 가는 경우가 많았는데, 연구하기 위해 자료 조사를 왔다고 하면 어디에서라도 매우 관대히 자료를 보여주었다. 때로는 사무실 한쪽을 차지하고 지참한 복사기로 자료를 복사하도록 허락받은 일도 있었다. 이런 때에는 언제나 일본이라면 이렇게 간단히 자료를 볼 수 있을까 하는 생각이 들었다. 추탄공파 종친회 사무실에서의 일도 이런 내 생각을 더욱 강하게 해주는 것이었다.

이야기가 옆길로 새어나갔지만 이제 『쇄미록』을 통해 양반의 생활 모습과 사고방식 등을 살펴보자. 다만 『쇄미록』은 저자가 서울에서 거주한 양반이고, 전쟁 중 피난지 생활을 기록한 일기라는 점에서 사료로서 한계가 있다는 사실을 충분히 감안해야 한다.

양반의 일상생활

양반의 생활신조로서 가장 중요시된 것은 '봉제사 · 접빈객,' 즉 조상 제사를 빠뜨리지 않고 정중히 지내는 것과 친족이나 벗을 비롯한 방문객을 정중하게 대접하는 것이었다. 오희문이 피난 생활 중인데도 이 신조에 매우 충실했던 것을『쇄미록』에서 충분히 엿볼 수 있다.

'봉제사'에 대해 살펴보면, 예를 들어 오희문은 평강에 거주했던 1598년 1년간 스물여덟 번이나 되는 제사를 지냈다. 월평균 두 번 이상 제사를 지낸 것이다. 게다가 한 번 제사를 치르는 데도 제수祭需 등의 준비를 며칠 전부터 해야 하기 때문에 제사가 오희문의 일상생활에서 차지하는 비중은 대단히 큰 것이었다. 특히 본거지인 서울을 떠나 있었고, 제수 준비를 생각해야 했으므로 오희문은 신경이 쓰일 수밖에 없었다. 제수를 충분히 준비할 수 없는 참괴한 심정을 일기에 종종 썼다.

'접빈객'에 대해 살펴보더라도 피난지 생활인데도 방문객이 아주 빈번하게 온 것을 알 수 있다. 오희문 자신도 종종 남의 집을 방문했다. 방문객이 빈손으로 오는 일은 드물었다. 어떤 것이라도 대개 선물을 가지고 왔고, 오희문 쪽에서도 손님이 돌아갈 때는 답례품을 주는 경우가 많았다. 그리고 이 방문객과 선물을 교환한 것이 오희문 일가의 피난 생활을 지탱하는 데 큰 역할을 하였다.

방문객 중에서 특히 중요한 사람들은 임천과 평강 주변 지역의 지방관들이었다. 지방관들이 빈번히 오희문의 집을 방문한 것은 장남 오윤겸과의 관계 때문이라고 생각된다. 이 지방관들이 준 식료품을 비롯한 갖가지 물품이 오희문 일가의 경제생활을 지탱하는 데 결정적인 역할을 하였다. 이런 현상은 오희문 일가의 특수한 상황 때문이지만 양반들의 경제생활에서 선물을 주고받는 것, 즉 증답경제贈答經濟라고 할 수 있는 것이 큰 역할을 하였음은 상당히 보편적인 현상이었던 듯하다.

16세기의 일기 사료로 『쇄미록』과 함께 저명한 것으로는 유희춘柳希春의 『미암일기眉巖日記』가 있다. 유희춘은 전라도 해남 출신으로 4장에서 소개한 해남 윤씨 일족과도 관계 깊은 인물이다. 이 사람은 권벌과 마찬가지로 양재역 벽서사건에 연좌되어 제주도에 유배되었다가 뒤에 중앙 정계에 복귀하였다.

『미암일기』는 그가 중앙정부의 관직에 종사하던 1567년에서 1577년에 이르는 동안의 생활을 기록한 방대한 양의 일기다. 이 일기에서 유희춘은 주고받은 선물을 빠짐없이 기록하였는데, 10년여의 기간에 그가 선물을 받은 것이 2,788회, 선물을 준 것이 1,053회로 기록되어 있다. 둘을 합하면 3,841회의 증답이 기록된 셈인데 평균하면 매일같이 선물을 주고받은 것으로 생각된다. 유희춘에게 선물을 한 상대는 그의 출신지 해남과 가까운 전라도 남부 지방의 지방관이 큰 비중을 차지하였다.

증답경제의 역할이 컸다는 것은 바꾸어 말하면 양반들의 경제생활에서 화폐경제가 차지하는 비중이 낮았다는 것을 의미한다. 서울에 거주한 유희춘도 증답경제의 역할이 컸다면, 농촌에 거주하는 재지 양반층에게는 화폐경제가 차지하는 비중이 더더욱 낮았으리라는 것은 상상하기 어렵지 않다. 노비를 많이 소유했던 양반들은 일상생활에 필요한 각종 물품을 대부분 노비를 사역해 생산하든가, 노비의 신공으로 조달할 수 있었기 때문이다.

『쇄미록』을 보면 지방 장시場市에 관한 서술이 종종 등장한다. 장시는 간단히 장이라 불리는 것으로 5일 또는 10일마다 열리는 정기시定期市다. 장시가 널리 형성되기 시작한 것은 16세기의 일인데, 『쇄미록』에서도 장시가 상당히 보급되기 시작한 사실이 엿보인다. 그러나 장시에서 화폐 역할을 한 것은 면포綿布와 쌀이었고, 오희문이 임천에 거주할 때도 금속화폐에 관한 기록은 전혀 보이지 않는다. 다만 평강에 거주할 때의 일기에는 은전銀錢에 관해 언급해 양상이 다른데, 이는 임진왜란 때 조선에 파병된 명나라 병사들이 가지고 들어온 은전이 서울과 가까운 평강 지역에서 통용된 것으로 생각된다.

이처럼 16세기 조선에서는 화폐경제가 그다지 발달하지 않은 것으로 보이는데, 이 점은 토지매매문기土地賣買文記에서도 확인할 수 있다. 토지매매문기는 토지를 매매할 때 작성하는 매매증서로 파는 사람이 작성하여 사는 사람에게 건네주고, 사는 사람은 이 문기를 자기 소유권의 근거로 삼았다. 『경북지방 고문서 집성』에는 재지양반층에 소장되어 있던 토지매매문기가 많이 수록되어 있는데, 17세기 중엽까지의 문기에서는 토지를 매매할 때 지불 수단으로 면포와 쌀만이 등장한다. 그러나 17세기 중엽 이후가 되면 동전銅錢이 급속히 지배

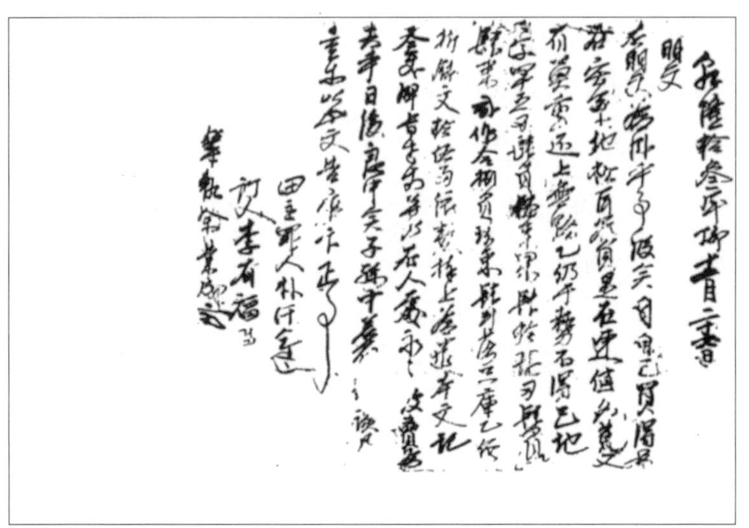

권벌 종손가에 전해오는 토지매매문기 영조 24년에 작성되었다.

적인 지불 수단으로 되어간다. 이 무렵 정부는 '상평통보常平通寶'라는 동전을 주조鑄造하는데, 그와 더불어 동전은 농촌 지역에까지 빠르게 보급된 듯하다.

16세기 단계에서 화폐경제의 낮은 발달 수준은 당시 지배층인 양반들의 존재 형태와 깊이 관련되어 있다. 양반층 중에서 압도적 다수를 차지한 재지양반층은 무엇보다도 농촌 거주자였다. 그들의 출신 모체인 고려시대의 이족층은 읍내, 즉 각 지방의 지방 관아가 위치하고 성벽으로 둘러싸인 소도시 지역에 거주했는데, 재지양반층은 읍내에서 농촌 지역으로 이주하면서 스스로를 형성해나갔다. 이러한 양반층의 농촌 지역 이주는 앞에서 서술했던 개발을 추진하기 위한 것이었고, 동시에 출신 모체인 이족층과 자신을 구별하기 위한 것이었다.

재지양반층이 농촌 거주자로 형성되었다는 것은 화폐경제의 발전이라는 면에서 본다면 분명히 억제 요인으로 작용하였고, 도시도 수도 서울과 옛 수도인 개성이나 평양을 제외하면 거의 형성되지 않았다는 사실도 같은 원인에서라고 생각된다. 양반층에 나타나는 극단적인 억말사상抑末思想, 즉 상업을 천시하는 사고방식도 재지양반층의 존재 방식과 관련되어 있었다. 중국의 사대부층에는 상인 출신이 많았지만, 조선에서는 상인 출신 양반이란 있을 수 없는 존재였다.

물론 오희문의 일상생활에서 '봉제사 · 접빈객'이 중요했다고 해서 그가 이것만 한 것은 아니다. 가장으로서 가족 부양, 노비의 지휘와 감독 등 그의 생활은 꽤 분주하였다. 노비와의 관계는 다음에서 보게 되는데, 그는 가장으로서 애정이 깊은 사람이었다. 어머니에 대한 효행은 『쇄미록』의 여러 곳에서 나타난다. 그런 그에게 임천에서 평강까지 가는 도중 막내딸이 사망한 것은 가장 가슴 아픈 일이었다. 막내딸 단아端兒는 1597년 2월 1일 이른 아침 병으로 죽었는데, 그날의 일기에 그는 다음과 같이 썼다.

> 지난해 9월 20일에 졸지에 병을 얻어 여러 달 고생하다가 이곳에 이르러 아주 가버리게 되었다. 애통한 마음이 더욱 지극하여 가슴과 창자가 찢어지는 것 같다. 평상시에는 용모가 단정하고 성품이 온아하며 총명함이 남달랐다. 어린 나이지만 사리의 경중과 시비를 알고 또한 문자에도 능했다. 부모에게 효도를 다하고 형제를 우애하는 것이 또한

천성에서 나왔다. 항상 입고 먹는 의복이나 음식이라도 반드시 남의 뒤에 했고, 자기가 입는 옷이 제 형보다 조금이라도 좋으면 곧 바꿔 입었다. 천성이 이와 같으므로 우리 내외는 누구보다도 사랑하였다. 오랫동안 내 이불 속에서 자다가 지난해부터 비로소 혼자 자게 되었다. 내가 외출했다 돌아오면 문득 나와 맞아서 띠를 풀고 옷을 벗는 수고를 해주었는데, 이제부터는 그런 일도 없겠다. 애통한 마음을 어찌하리오. 병세가 몹시 중해도 오직 조그만 희망은 있었던 터인데, 여행 중에 오래 체류하다가 이에 이르러 구원하지 못했다. 이것도 천명이고 사람의 힘으로는 어찌할 수 없는 것이겠지만, 가장 애통한 일은 객지에 있기 때문에 의약醫藥을 다 써버린 것이니, 오직 천명만 기다리고 사람이 할 일은 다하지 못했으니 더욱 몹시 애통하다.

어려서 죽은 막내딸을 사랑하는 정이 넘쳐흘러 『쇄미록』 중에서도 가장 심금을 울리는 구절이다.

양반과
노비의 관계

육체노동을 하지 않았던 양반층에게 그들의 수족인 노비는 불가결한 존재였다. 노비를 소유하지 않는다는 사실만으로도 양반으로서 사회적으로 인정받을 수 없을 만큼 양반과 노비는 떼려야 뗄 수 없는 관계였다. 노비는 양반의 수족으로서 양반 가정의 여러 잡일을 수행했을 뿐만 아니라 양반이 소유한 경지의 노동력으로도 없어서는 안 되는 존재였다. 노비는 그 정도로 중요한 존재였는데, 그렇다면 양반과 노비의 관계는 구체적으로 어떠했을까. 사실 노비의 일상생활이 어떠했는가에 대해서는 사료상으로는 불명확한 점이 많다. 그러나 『쇄미록』에는 오희문의 노비에 관한 기술이 풍부하게 나타나므로 이를 통해 위에서 서술한 문제를 검토해보자.

먼저 노비들은 구체적으로 어떤 일을 했을까?

첫째로는 주인인 양반과 양반 가정 내의 온갖 잡일을 담당했다. 그 중에서도 특히 중요했던 것은 증답경제의 관습에 따르는 각종 선물의 운반이었다. 양반이 지인과 친척집을 방문하여 선물하는 경우, 그 선물은 항상 남자종이 날랐다. 양반 자신이 늘 방문하는 것은 아니어서 남자종에게 명하여 선물을 운반하게 하는 경우도 많았다.

오희문이 전라도 방면으로 여행 나갔을 때 남자종 두 명을 대동했던 것에서 알 수 있듯이 양반이 여행하거나 외출할 때는 반드시 남자종을 데리고 갔다. 이런 임무를 담당한 것은 노비 중에서도 특정한 자로, 양반의 집안에 살거나 매우 가까운 곳에 거처를 정한 자였다.

노비가 담당한 두 번째 중요한 임무는 농업 노동에 종사하는 것이었다. 앞에서 살펴본 권벌 같은 대토지 소유층뿐만 아니라 작은 토지를 소유한 양반도 소유지의 농경은 노비가 담당하였다. 오희문은 임천에 거주할 때 하루하루 식량을 조달하기 위해 지방 관아가 소유한 토지(둔토屯土라고 함)를 빌렸다. 이 빌린 토지에서 노비들이 경작하는

김홍도의 '타작도' 농사일을 하는 노비들과 그들을 지휘 · 감독하는 양반을 그렸다.

모습과 그것을 감독하는 오희문의 모습이 『쇄미록』 곳곳에 기술되어 있다.

밭갈이에서 파종, 수확에 이르기까지 각 농사일의 계획은 오희문이 세우고, 그의 지휘에 따라 노비들이 경작하였다. 오희문의 경우에는 피난지의 임시 거처라는 점도 있고, 경작지가 적었기 때문에 스스로 농사일을 지휘했을 테지만, 대토지 소유자는 농사일의 지휘 · 감독도 노비에게 맡겼을 것이다.

노비들은 농사일에 종사했을 뿐만 아니라 상업 활동에도 종사하였다. 『쇄미록』에는 '번동[反同]'이란 말이 자주 나온다. 번동이란 어떤 물건, 예를 들면 면포를 가격이 싼 곳에서 구입하여 가격이 비싼 곳까지 운반한 다음 그곳에서 판매하는 행위를 의미하는 말이다. 지역 간의 가격차를 이용한 상행위를 오희문은 종종 계획했는데, 이에 직접 종사한 자도 노비, 특히 남자종이었다. 양반 자신이 상행위를 하는 일은 있을 수 없었지만 노비를 이용한 상행위는 있었던 것이다.

이처럼 노비들은 주인인 양반의 명에 따라 갖가지 활동에 종사하였다. 그러면 양반과 노비의 관계는 어떠했을까? 노비가 노비인 이유는 무엇보다도 재산으로 매매될 수 있었다는 점에서도 상징적으로 드러나듯이, 인격적으로 자유롭지 못한 존재였기 때문이다. 『경북지방 고문서 집성』에 수록되어 있는 많은 노비매매문기와 권벌가의 분재기에 기록된 매득買得 노비의 존재를 보아도 노비 매매가 널리 이루어져왔음이 분명하다.

노비는 소유자의 재산으로 간주되었으므로 매매되었을 뿐만 아니라 상속 대상이기도 했음은 이미 살펴본 바와 같다. 그리고 상속할 때 부모와 자식 또는 형제자매들이 각기 다른 사람에게 상속되는 일도 흔했으므로, 노비 가족이 상속으로 말미암아 해체되는 경우도 많이 보인다.

이처럼 노비는 독립된 인격으로서 지위를 인정받지 못했기 때문에 소유자가 노비를 벌해도 노비가 죽지 않는 한 어떠한 처벌도 받지 않았다. 『쇄미록』의 1597년 6월 26일조에 오희문의 남자종 한복漢卜이 도망친 사건이 나온다. 게다가 한복은 혼자서만 도망친 것이 아니라 오희문이 소유한 여자종 한 명을 데리고 다른 사람의 말까지 훔쳐 도망쳤다. 오희문은 즉시 뒤쫓는 사람을 풀어 한복 일행을 붙잡았는데, 오희문은 한복에게 장杖 80대를 흠씬 친 뒤 관가에 인도한다. 관가에 압송된 한복은 감옥에 갇힌 뒤 고문 기구가 채워져 사망한 것이 사건의 전말이다. 이 경우에도 오희문이 한복에게 체벌을 가한 것은 법적으로 아무 문제가 되지 않았다.

노비의 지위는 이처럼 비참했지만, 이런 면만 강조하는 것은 금물이다. 노비는 다른 면에서 몹시 꿋꿋하게 살아갔고, 지위를 높여갈 가능성을 간직한 존재였다. 이 양면을 보지 않으면 조선시대 노비상을 제대로 파악할 수 없을 것이다. 노비들의 강인함, 성장 가능성의 원동력은 무엇보다도 그들 다수가 가족을 형성하였고, 스스로 독립적으로 경영한 데서 찾을 수 있다.

이것도 앞서 소개한 오희문의 남자종 한복과 관계된 이야기인데, 『쇄미록』 1595년 5월 18일조에 다음과 같은 구절이 있다.

송노宋奴, 분개粉介, 복지福只 등에게 전날 제초작업이 마무리되지 않은 율무밭의 제초를 하도록 하고 좁쌀밭의 김매기도 하게 하였다. 그런데 도중에 소나기가 내려 좁쌀밭의 제초를 다하지 못했으니 안타깝다. 그런데 율무밭 둑에 한복을 시켜 찰수수 한 되의 종자를 심게 하였는데 겨우 한 두둑을 심었을 뿐이고 그 싹도 듬성듬성 자랐다. 필시 한복이 종자를 훔쳐 자기 밭에 뿌렸을 것이다. 얼마나 가증스러운 일인가? 도대체 우리 집 전답은 모두 한복이 씨를 뿌렸는데 싹이 나는 것을 보면 모두 드문드문 파종을 하였다. 생각건대 이 종자도 한복이 훔쳐 자기 밭에 뿌렸을 것이다. 정말 분통해서 참을 수 없다.

이 기술에서 주목되는 것은 남자종 한복이 오희문의 종자 일부를 자기 밭의 파종용으로 사용한 점이다. 게다가 한복은 오희문의 토지를 경작하는 한편 자신도 농경을 했다. 노비들은 인격적으로는 자유가 없었지만 자기 토지를 소유하는 것이 허용되었고, 그것을 매매하거나 자손에게 상속하는 것이 법으로 인정되었다. 노비 신분이면서 광대한 토지를 소유했던 사람의 예도 많이 알려져 있다.

노비는 토지를 소유하거나 빌려서 이처럼 자기 농업을 경영했을 뿐만 아니라, 상행위도 했다. 『쇄미록』에 나타나는 번동이란 상행위에 대해서는 앞에서 소개했는데, 오희문의 남자종인 덕노德奴도 이 번동을 했다.

1600년 9월 4일과 10월 9일조에는 다음과 같은 기사가 보인다. 즉 주인에게 휴가를 얻은 덕노가 면화綿花를 번동하려고 9월 4일에 여행을 떠났는데, 오희문도 이에 편승하여 자기가 구입한 면화의 번동을 덕노에게 부탁하였다. 10월 8일에 덕노는 번동 여행에서 돌아왔는데, 자신의 면화는 전부 팔았지만 오희문이 부탁한 면화는 팔지 못했다며 그대로 가지고 왔다. 이 기사에서 분명히 드러나듯 덕노는 자기의 자금으로 면화를 사서 다른 지역에서 팔아 이익을 남긴 것이다.

덕노는 자기 어머니와 사이가 나빴던 모양으로, 그의 불효로 속을 태우던 오희문이 덕노를 큰 매로 때렸다는 기사가 1594년 4월 16일조에 보인다. 이 기사에서 덕노는 어머니와 함께 살고 있었다는 것, 달리 말하면 가족을 형성하였음을 볼 수 있다. 노비에게는 이러한 가족의 형성이 그들의 농업 경영과 상행위를 유지하는 기반이 되었을 것이다.

『쇄미록』에는 노비들의 게으름과 '부정不正'에 대한 오희문의 불만과 분노를 기록한 것이 무수히 보인다. 노비를 이용한 농사일의 낮은 효율, 시장에서 사고팔 때 생기는 상품의 감소, 가격의 허위 보고 등 오희문에게는 머리 아픈 일이 연속되었다. 이런 게으름과 '부정'은 노비 같은 부자유 노동자에게는 필연적인 것인데, 앞에서 소개한 한복과 덕노의 예에서 보듯이 그들도 자기 자신의 경영에는 게으르지 않았다.

따라서 양반과 노비의 관계를 일방적인 지배와 복종의 관계였다고 보아서는 안 된다. 양반층에게 노비는 어떤 의미로는 방심해서는 안 될 존재였는데, 그런 관계의 근저에는 자신들의 지위를 높이려는 노비들의 집요한 노력이 있었다는 점을 놓쳐서는 안 된다.

양반과 노비의 관계가 가장 긴장되는 경우는 노비가 도망을 기도하였을 때다. 일본과 전쟁 중이라는 비상사태 때문이기도 하겠지만, 『쇄미록』에는 도망 노비에 관한 기사가 많이 나타난다. 노비가 도망칠 때는 한복의 예에서 보듯이 양반들은 엄한 처벌로써 이에 대처했지만, 집요한 추적에도 불구하고 도망쳐버린 노비도 많았다.

도망에 성공한 노비도 16세기 당시에는 다른 지역에서 다시 다른 사람의 노비가 되는 것이 일반적이었을 것이다. 따라서 도망하는 것이 바로 신분 해방을 의미하는 것은 결코 아니었지만, 뒤에서 보듯이 조선 후기에 들어와서도 집요하게 반복된 노비의 도망은 곧 노비제를 붕괴시킨 큰 요인 중 하나가 되었다.

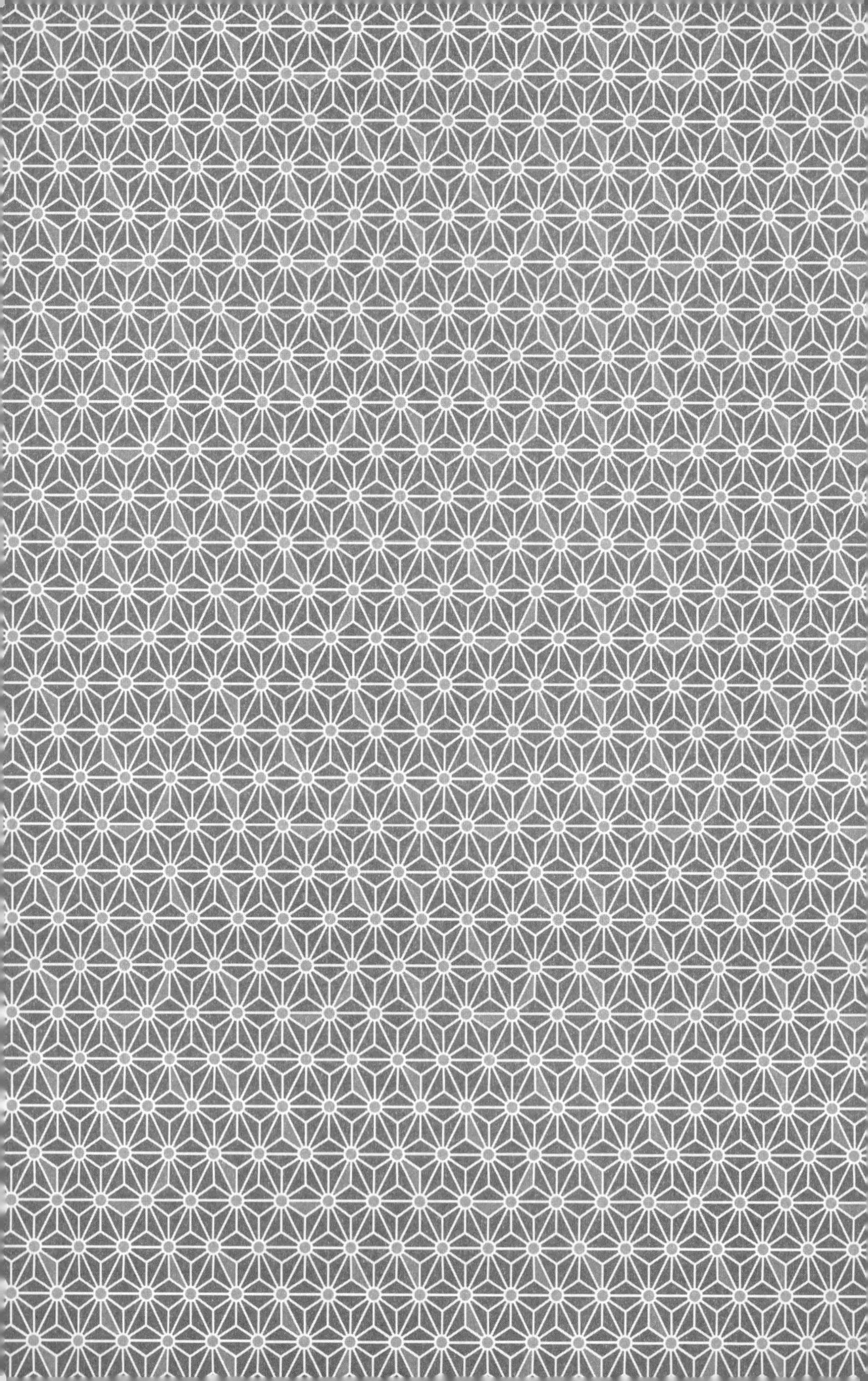

6

양반 지배 체제의 성립

향안 · 향소 · 향약

16세기를 중심으로 일제히 형성되어간 재지양반 가문은 계층으로서 사회적 결집을 시작했고, 재지에서 지위를 확립하려고 갖가지 조직을 결성하였다.

여기서는 그 조직 중에서도 중심적인 역할을 한 향안鄕案 조직과 각 지방의 규율인 향약鄕約을 소개하고, 지방의 양반지배 체제 확립 과정을 살펴보겠다.

향안이란 지방마다 작성된 양반들의 명부다. 안동 지방에서 재지 유력자들이 단체를 조직하고 그 명부를 만든 기록 중 가장 오래된 것은 1478년에 만들어진 '우향계축友鄕稧軸'이다. 이것은 당시 안동부에 거주하던 유력자들이 친목을 위해 조직한 것으로 열세 명이 참가하였다.

이 유력자 열세 명 중에는 권벌의 조부인 권곤과 그 형 권개의 장남인 권숙형權叔衡이 가담하고 있다(권개는 1478년에는 이미 사망하였다). 다시 우향계축의 자손들이 '진솔회眞率會'라는 조직을 만들었는데, 여기에는 권벌의 부친 권사빈과 그의 형 권사영이 참가하였다.

15세기에 만들어지기 시작한 이러한 재지 유력자들의 친목 조직이 토대가 되어 향안 조직이 형성되어간다. 현존하는 안동 지방 재지양반층의 명부인 향안으로 가장 오래된 것은 1589년에 작성된 '향록鄕錄'이란 제목의 명부다. 이 명부에는 재지양반층 289명이 이름을 올렸는데, 그중 성이 권씨인 사람이 70명에 이르고, 성씨별 사람 수로도 가장 큰 비중을 차지한다. 권씨는 대부분 안동 권씨로 보아도 틀림없으므로, 안동의 재지양반층 중에서 안동 권씨의 세력이 가장 강했던 것을 알 수 있다. 이 향안 조직에는 임원으로 좌수座首 한 명, 별감別監 세 명이 있었다.

유곡 권씨 구성원 중에는 권벌의 장남 권동보와 권벌의 손자 권채, 권래, 권비 등 모두 네 사람이 이 명부에 이름을 올렸다. 유곡 권씨가 안동 재지양반층으로 지위를 확립해왔음을 여기서도 엿볼 수 있다.

향안이란 이미 서술했듯이 재지양반층의 명부였지만, 이 향안에 이름을 올리려면 엄격한 자격 심사를 받아야 했다. 향안 입록入錄의 조건이 얼마나 엄격했는지에 대해서는 유명한 일화가 있다.

대나무 산지로 유명한 전라도 담양 출신의 송순宋純이란 사람이 있었다. 그의 외가는 남원에서 담양으로 옮겨간 일족으로 현관顯官을 내지 못했기 때문에 송순은 담양의 향안에 입록이 허락되지 않았다. 송

순이 사헌부의 우두머리인 대사헌大司憲(종이품관)의 지위에 있을 때 성묘하기 위해 귀향했는데, 그때 마침 향회鄕會(향안 등록자의 모임)가 열렸으므로 그는 원로들을 잘 대접하고서야 향회 참가를 허락받았고 향안 입록을 승인받았다. 이 일화가 말해주듯이 가령 정부의 고위고관의 지위에 있는 사람이라도 그것만으로는 향안 입록이 허락되지 않았다.

앞에서 본 안동 향록(향안)의 등록 자격은 1581년 정사성鄭士誠이 작성한 '향약'을 따랐을 것으로 생각된다. 이 '향약'에서는 향안 등록에 즈음해 특히 엄격한 심사가 필요한 사람의 예로 서얼庶孽(서자), 인륜에 벗어난 범죄를 저지른 사람의 자손, 향리鄕吏 출신의 사람, 다른 지방 출신으로 안동 여성과 결혼해 안동에 사는 사람과 안동 출신으로 다른 지방 여성과 결혼한 사람 등을 들고 있다. 특히 향안 입록이 엄격히 제한된 이는 서얼과 향리 출신의 사람으로, 그들은 청족淸族, 즉 그 지방의 유력자와 4~5세대에 걸쳐 결혼을 계속한 경우에야 비로소 향안 입록이 허락되었다.

서얼과 향리 출신에 대해 특히 엄격하게 제한한 것은 그들이 어떤 의미로는 재지양반층과 매우 가까운 관계에 있었기 때문이다. 서얼은 단순히 정실正室이 낳은 자식이 아니라는 이유만으로 양반에게서 차별 대우를 받았고, 향리는 재지양반층의 출신 모체나 다름없었다. 그런데 대단히 흥미로운 사실은 정사성의 '향약'보다 반세기 앞선 1530년에 작성된 안동의 향안에서는 향리층에 대한 제한이 없었다는 점이다.

1530년에 작성된 향안은 '가정향안嘉靖鄕案'이라 불린다. 이것은 현존하지 않는데, 그 일부가 안동 향리들의 사적을 기록하기 위해 18세기에 편찬한 『안동향손사적통록安東鄕孫事蹟通錄』에 수록되어 있다.

『안동향손사적통록』에는 가정향안의 입록자로 열다섯 명이 나오는데, 그들은 모두 향리층에 속했다. 원래 가정향안에는 이 열다섯 명 외에 양반들도 이름을 올렸겠지만, 어쨌든 가정향안 단계에서는 향리층도 향안 입록이 승인되었음을 알 수 있다.

이런 현상에 대해 『안동향손사적통록』은 "향안에 대한 결의에 따르면 비록 명문, 거족巨族이라 하더라도 세 친족, 인척(부계, 모계, 처계) 중 하나라도 결함이 있으면 향안 입록을 허락하지 않는다. 향리의 증손과 그 사위의 외손 등은 향안에 입록해도 지장이 없다"라고 하여 향리층의 향안 입록에는 제한을 두지 않은 것이 예부터 내려오는 안동의 관례로 되어 있다.

『안동향손사적통록』은 향리층이 그들의 조상을 현창하기 위해 편찬한 것이므로 사료적 가치에는 약간 의문도 있지만, 1581년의 새 '향약'을 만든 정사성 자신이 작성 목적을 다음과 같이 서술하였다.

> 내 고향 안동에서는 을미년(1535) 이전, 청문淸門의 사족이라도 결혼할 때 토지와 노비의 많고 적음, 재산의 빈부는 비교하지만 그 일족의 출자出自와 문지門地의 높고 낮음에는 구애받지 않고 인척姻戚이 되는 경우가 많았다. 그 나쁜 풍속은 대단히 뿌리 깊은 것이었다. 이전의 군수였던 이고李股는 이 풍속을 통탄하여 일거에 이를 바꿔보려 하였다.

그의 방식에는 혹 도가 지나친 것이 있었을지 모르지만 어찌 식견이 없었다고 말할 수 있겠는가?

여기 서술된 것처럼 16세기 전반까지 안동에서는 재지양반층의 폐쇄적인 계층성이 아직 강하지 않았고, 양반층과 향리층이 결혼하는 경우도 많았다. 향리층이 향안 입록을 인정받은 것은 이러한 사회 풍조가 반영된 것이라고 생각된다. 따라서 안동에서는 정사성의 '향약' 또는 그것에 근거해 작성된 1589년의 '향록' 단계에야 비로소 재지양반층 자신들의 명부인 향안이 작성되었다고 말할 수 있다.

거듭 말했듯이 재지양반층은 향리층을 모체로 하여 그중 중앙 정계에 진출했던 사람과 그 자손이 다시 농촌 지역에 거처를 마련하는 과정에서 형성되었다. 이런 경력을 가진 재지양반층이 지역 사회의 지배층으로 스스로 지위를 확립하기 위해서는 향리층과 자신들을 명확히 구별할 필요가 있었고, 이를 위해 취해진 조치가 향안에서 향리층의 배제였다. 안동의 '가정향안'에서 '향록'으로 변화하는 것은 이 과정을 분명하게 보여준다.

안동에서는 1589년의 '향록' 이후에도 재지양반층의 명부로 향안이 계속 작성되어 19세기 말까지 이르렀지만, 조선 후기에는 이 향안이나 향안 조직과는 별도로 우향계나 진솔회의 계보를 이어받은 다른 조직이 만들어진다. '세호계世好稧'라 불린 것이 그것이다.

이 세호계는 우향계, 진솔회 구성원의 자손들이 구성한 것으로 1702년에 조직되었다. 세호계는 열두 명의 발의로 결성되었는데, 그

중 열한 명이 안동 권씨 일족이었다. 그리고 이 발의에 응해 예순한 명이 정규 구성원으로 참여했는데, 그중 권벌의 조부인 권곤의 자손들이 열네 명 참여했다. 세호계는 안동의 재지양반층 중에서도 15세기 우향계 구성원의 자손들이 구성한 특권적 조직으로 안동 권씨의 주도 아래 결성되었다.

그런데 재지양반 집단의 결집체인 향안 조직은 지방 행정에도 직간접적으로 크게 관여하였다. 조선시대의 지방통치 책임자는 중앙에서 파견된 수령이었으나, 수령은 임기가 짧고 자주 교대될 뿐만 아니라 자기 출신지에는 부임할 수 없었다.

따라서 수령은 지방 사정에 정통하기가 불가능했으므로, 이런 약점을 보충하기 위해 지방마다 향소鄕所(향청鄕廳이라고도 함)라는 것이 설치되었다. 그리고 이 향소의 구성원이야말로 향안 등록자들이었고, 지금까지 서술한 향안 조직이라는 것은 구체적으로 이 향소를 가리키는 것이다.

향소에는 임원으로 좌수 한 명과 별감 여러 명이 있었고 일상적으로는 이 임원들이 향소의 운영을 맡았다. 향소의 일상 업무에서 제일 중요했던 것은 향리층을 감독하는 일이었다. 향리층은 지방 통치의 실무 담당자로서 작청作廳이라 불린 건물에서 근무하였다. 향리층 지휘권은 수령에게 있었지만 수령이 지방 사정에 정통하지 못했기 때문에 향소가 수령을 보좌하여 향리를 감독하거나 때로는 향리를 직접 지휘하기도 한 것이다.

수령, 재지양반층, 향리층의 관계는 〈그림 5〉와 같다. 이처럼 재지

〈그림 5〉 지방 통치 체제의 개념도

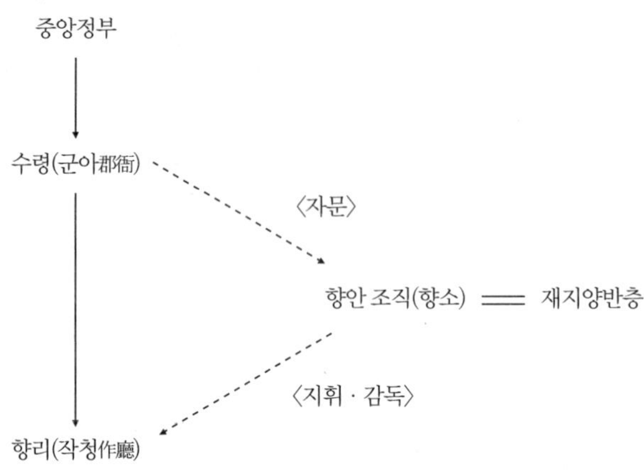

양반층은 향소를 통해 지방통치 체제의 일익을 담당하였고 '아관亞官', 즉 관리에 준하는 지위를 인정받았다.

재지양반층이 지방 통치의 일익을 담당함으로써 확고한 지위를 구축하게 된 것은 안동의 경우 16세기 후반 이후였다. 향안이나 이에 기초한 향소는 모두 15세기부터 존재했으나 앞에서 보았듯이 16세기 전반까지는 향안에 향리층도 참가하였으므로, 향안이 순수하게 양반층의 배타적 결집체가 되기 위해서는 16세기 후반을 기다려야만 했다. 그리고 시기적으로는 약간 차이가 있으나 안동에서와 같은 일이 각 지방에서도 일어나고 있었다.

향리층의 감독과 함께 중요했던 향안 조직(향소)의 일은 지방의 풍속과 질서를 안정시키는 것이었다. 이를 위해 지방마다 작성된 것이 향약이었다. 향약이란 중국 북송시대에 여대균呂大鈞, 여대림呂大臨 형제가 처음 실시한 것으로 지방의 도덕 질서 유지와 지방민의 상호 부조를 목적으로 한 것이었다.

여씨 형제가 정한 『여씨향약呂氏鄕約』은 조선시대 들어 한국에서도 활용되어 1517년에는 한글로 적은 『언해여씨향약』을 김안국金安國이 간행함으로써 차츰 보급되었다. 초기 향약은 지방관의 손으로 보급되었고 그 내용도 여씨향약을 그대로 옮긴 것이었으나, 16세기 중반 이후 차츰 재지양반층이 향약을 작성하고, 내용도 지방마다 독자적인 항목을 추가했다.

안동 지방의 향약은 한국 제일의 주자학자로 이름이 높은 이황李滉(호는 퇴계, 1501~1570)이 최초로 만들었으며, 이후 이황의 향약을 모델로 삼아 향약이 몇 개 만들어졌다. 그런데 앞서 소개한 정사성의 '향약'은 재지양반 집단의 규율로 정해진 것이므로, 일반 민중도 포함한 지방 사회 전체의 준수 규범으로 작성된 향약과는 성격이 다르다. 명칭이 혼동되기 쉬운데 정사성의 '향약'과 같은 재지양반 집단의 내부 규율을 학계에서는 향규鄕規라고 한다.

안동의 향약 중 널리 알려진 것은 김기金圻(1547~1603)가 16세기 말에 작성한 것이다. 여기에는 향약의 4대 항목으로 덕업상권德業相勸(덕행과 생업에 힘쓰는 것), 과실상규過失相規(잘못은 서로 고쳐주는 것), 예속상교禮俗相交(예의 바르게 친족이나 이웃 사람과 교제하는 것), 환난상휼患難相恤(재해나 불행에는 서로 도와주는 것)이 소개된 뒤, 각각의 내용이 상세하게 지시되어 있다. 그리고 향약의 규정을 어긴 사람에게는 행위의 내용마다 부과되는 벌칙이 정해져 있다.

이상과 같은 내용은 퇴계가 만든 향약과 큰 차이는 없으나, 김기의 향약에서 특히 주목되는 것은 '하인약조下人約條'로, 하인 즉 양반 이외의 일반 민중이 향약을 위반할 때의 벌칙도 자세히 규정하였다는 점이다. 이것은 김기의 향약이 단순히 양반층뿐만 아니라 일반 민중도 포함한 지역 사회 전체의 규약으로 작성된 것임을 단적으로 나타내는 것이다.

이와 같이 안동에서는 지역 사회 전체의 규약으로서 향약이 16세기 말에 처음 성립되었고, 그것은 향안 조직이 재지양반 집단의 폐쇄적 결집체로서 순화되는 과정과 때를 같이하여 일어났다.

내성동약과 유곡 권씨

유곡 권씨의 세거지가 된 유곡의 소재지 내성현에도 재지양반층의 결집체인 향안 조직이 만들어져 그들 사이의 규약으로 향규가 작성되었다. 유곡 권씨는 내성 출신이 아니고 안동에서 이주해왔기 때문에 내성 출신 양반층에서 보면 외래자였다. 그러므로 향안 입록을 간단히 인정할 수 없었는데, 내성의 향규에 붙어 있는 양반층의 명부를 시기적으로 소급함으로써 내성에서 유곡 권씨가 지위를 확립해가는 과정을 엿볼 수 있다.

내성의 향규는 『내성동약奈城洞約』이라는 이름으로 만들어진 것으로, 최초 작성자는 이홍준李弘準이며, 작성 연대는 명확하지 않으나 16세기 전반으로 보인다. 이홍준은 1498년에 일어난 사림파 숙청사건(무오사화戊午士禍)으로 관계官界를 은퇴하고 내성에서 은둔생활을 한 사람으로, 내성에서 거주할 때 처음으로 동약을 만들었다.

이 동약에는 '좌목座目'으로 동약을 서로 준수할 것을 맹세한 사람들의 이름을 차례로 적었는데, 이것이 일종의 향안이라고 생각된다. 처음으로 만들어진 내성동약의 좌목을 보면 열여덟 명의 이름을 차례로 적었지만 권벌의 이름은 보이지 않으며, 그의 동생인 권예의 이름이 보일 뿐이다.

이홍준이 작성한 내성동약은 1554년에 최초로 개정된다. 그리고 1554년 이전에 권벌이 동약의 좌목에 참여하고 있었음이 좌목의 추입追入(추가 가입) 기재에서 판명된다. 권벌이 일시 실각하여 유곡에 거처를 정하게 되었을 때 좌목의 일원으로 가입이 허락되었을 것이다.

1554년의 새 동약에 붙어 있는 좌목을 보면 권벌의 장남 권동보가 참가하였다. 게다가 1554년 이후 좌목의 추입자 명부에는 권벌의 둘째아들 권동미와 그의 두 아들 권채, 권래의 이름이 보인다. 이렇게 권벌의 자손들은 내성동약의 좌목에 참가함으로써 재지양반층으로서 지위를 차차 확립했다.

16세기 말에 일어난 임진왜란은 지방 사회에도 큰 동요를 가져왔는데, 내성에서도 이 난이 발발한 뒤 동약의 규칙이 충실히 지켜지지 않는 사태가 벌어진 듯하다. 그래서 1611년에 이권李權이라는 사람의 발의로 1554년 동약의 재간再刊과 준수를 맹세하게 되었다. 1611년 이후 새로 좌목에 입록이 허락된 사람 중에는 권래의 세 아들 상충尙忠, 세충世忠, 석충碩忠과 권채의 세 아들 상현尙賢, 상신尙信, 상절尙節이 포함되어, 당시 유곡 권씨의 모든 남성이 좌목에 참가하였음을 알 수 있다.

내성의 동약은 1660년에 전면 개정되어 이름도 『이사완의里社完議』로 바뀌었다가 1716년에 다시 새로운 규약인 『사약절목社約節目』이 제정되었다. 『사약절목』을 정하기 위한 모임은 1716년 9월 권벌을 제사지내는 삼계서원에서 열렸는데, 이 장소가 상징하는 것처럼 18세기 초 단계가 되면 내성의 재지양반층 중에서 유곡 권씨의 지위는 확고부동한 것이 된다.

『사약절목』의 약안約案에는 양반 이름이 모두 143명 있는데, 그중 권벌의 직계자손들이 서른네 명을 차지하여 동족집단으로는 최대의 세력이었다. 그리고 사약의 우두머리인 계장契長에는 권벌의 종손인 권두인權斗寅이 뽑혔고, 부계장副契長 두 명 중 한 사람도 권두인의 육촌형제에 해당하는 권두경權斗經이 임명되었다.

이처럼 내성의 역대 향규에 붙어 있던 재지양반층의 명부를 통해 내성에서 유곡 권씨의 지위가 확립되어온 과정을 알 수 있다. 당초 외래의 신참자로서 내성에 들어와 산 권벌을 조상으로 하는 유곡 권씨 집단은 18세기 초에는 내성을 대표하는 재지양반으로서 지위를 구축한 것이다.

혼인 · 학연의 관계망

재지양반층은 읍 단위의 집결체였던 향안 조직을 결성하여 계층 결합을 꾀했을 뿐만 아니라, 사적으로는 혼인관계나 학문의 사제師弟, 동학同學 관계 등을 통해서도 계층적 결합을 강화해왔다. 재지양반층의 혼인을 통한 결합 양상을 구체적으로 살펴보기 위해 여기서도 권벌 일족의 예를 검토해보겠다. 권벌의 부친인 권사빈도 포함시켜 권벌 일족의 혼인관계를 나타내보면 〈그림 6〉과 같다.

권사빈의 아내, 다시 말해 권벌의 어머니는 이미 서술했듯이 중앙 정계에서도 큰 힘을 가지고 있던 윤당의 딸이다. 이 윤당 일족과의 관계가 권벌의 관계官界 생활에 좋고 나쁜 두 방향으로 영향을 주었지만, 여기서 주목되는 것은 윤당 같은 명문 일족과 관직이 없던 권사빈 사이에 혼인관계가 맺어졌다는 점이다.

이런 현상은 앞에서 소개했던 정사성의 한탄에서 드러난 바와 같이 명문거족이라도 결혼 상대에 개의치 않았던 당시 풍습을 보여주는 것이라고 생각된다. 그러나 재지양반층이 형성되고 그들 사이의 계층적 결합이 강화됨에 따라 결혼 대상도 점차 동일한 계층에서 정하게 된다.

권벌은 금릉金陵의 명문인 최세연의 딸을 아내로 삼았다. 최세연은 음서蔭敍(국가에 현저한 공적이 있었던 사람의 아들과 손자를 낮은 지위의 관직에 등용하는 것)로 말단관직에 올랐을 뿐이지만 조부 최선문崔善門은 저명

〈그림 6〉 권벌 일가의 혼인 관계망

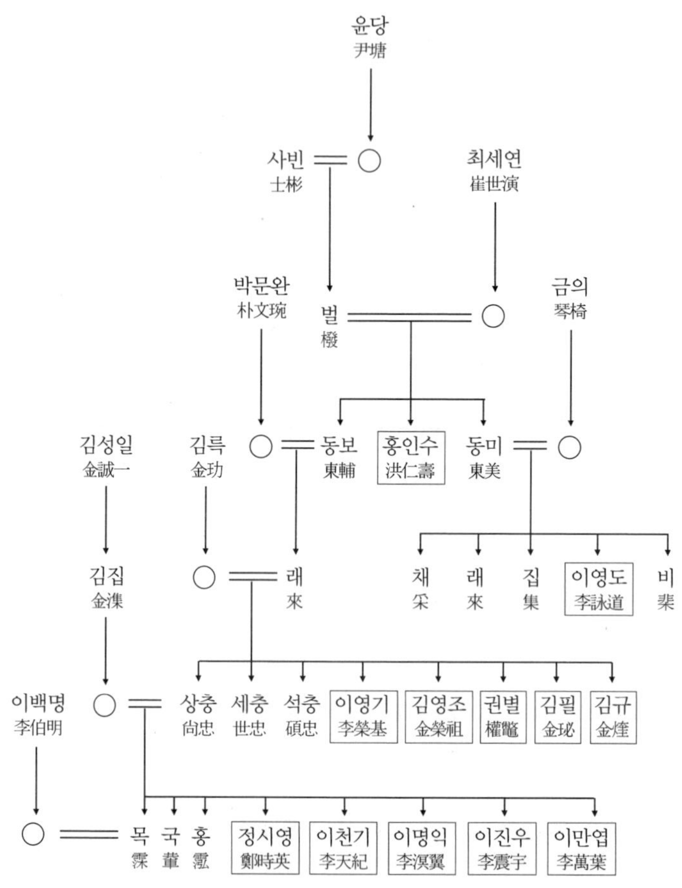

* ○는 안동 권씨에게 시집 온 여성
** □안의 사람은 안동 권씨의 사위

한 인물이었다. 최선문은 의정부 좌찬성左贊成(종일품관)에까지 올랐던 사람으로 사후에는 문혜공文惠公이란 시호를 받았다. 그는 금릉의 하로동에 거처를 정했는데, 그 자손이 하로동을 세거지로 삼아서 눌러앉았다.

권벌의 장남 권동보는 밀양 박씨密陽朴氏인 박문완朴文琬의 딸을 아내로 삼았는데, 박문완이란 인물에 대해서는 직장直長(종칠품관)이란 직위를 가지고 있었던 것 외에는 잘 알 수 없다. 차남인 권동미는 봉화 금씨奉化琴氏인 금의琴椅의 딸과 결혼했는데, 봉화 금씨는 봉화의 명문이었다.

금의는 1519년 문과에 급제했고 안동과 가까운 영주의 수령을 맡은 적이 있으며 퇴계와도 친교가 있었다. 그의 처는 내성의 동약을 처음으로 제정한 이홍준의 딸이다. 내성은 행정적으로는 안동부 관할 아래에 있었지만 지리적으로는 오히려 봉화 쪽에 가깝다. 봉화 금씨와의 인척관계는 유곡 권씨가 재지양반 가문으로 성장하는 과정에서 중요한 역할을 한 것으로 생각된다.

권동미와 그의 아내 사이에는 아들 넷, 딸 하나 등 자녀가 다섯 명 있었는데, 딸은 퇴계의 손자인 이영도李詠道와 결혼한다. 권동미 자신은 뒤에 보듯이 퇴계의 제자였다. 권동미의 차남 권래는 권동보의 양자가 되어 권벌의 종계宗系를 이었는데, 그는 예안 김씨禮安金氏인 김륵金玏의 딸을 아내로 삼았다. 김륵은 이미 소개했듯이 영주의 유력자로 안동부사를 지냈다.

권래의 장남 권상충의 아내는 의성 김씨義城金氏인 김집金潗의 딸이

초간정 예천의 대표적 재지양반인 예천 권씨와 관계가 깊다. 초간은 권문해의 호

다. 김집의 부친은 이 책 64쪽에서 소개한 김성일인데, 이 일족은 안동의 대표적인 재지양반가였다. 그뿐 아니라 권래의 막내딸은 김집의 손자인 김규金煃의 집안으로 시집가 권별의 일족과 김성일 자손들 사이에는 혼인관계가 중첩된 것을 알 수 있다.

권래에게는 김집의 손자와 결혼한 딸 이외에도 김영조金榮祖, 권별權鼈과 각각 결혼한 딸도 있었다. 김영조는 풍산 김씨豊山金氏의 일족으로 1612년에 문과에 급제하고, 이조참판(정이품관, 문관의 인사를 담당하는 이조의 차관)까지 지낸 인물이다. 또 권별은 예천 권씨醴泉權氏 권문해權文海의 아들이다. 권문해는 호가 초간草澗으로 1560년 문과에 급제했는데, 일종의 백과사전이라고 할 수 있는『대동운부군옥大東韻府群玉』의 저자로 유명하다.

권문해의 자손들은 권벌의 형 권의權檥의 자손들의 세거지였던 저곡渚谷(맏실)과 가까운 예천군 죽림동竹林洞을 세거지로 한 예천의 대표적인 재지양반 가문이었다. 권상충의 사위 이명익李溟翼은 1649년 문과에 급제하여 충청도 관찰사까지 올라 세제稅制 개혁에 힘썼다.

이상과 같은 유곡 권씨의 인척관계를 보면 권벌의 자손들은 안동과 그 주변 지역의 대표적 재지양반층과 깊이 맺어져 있었음을 알 수 있다. 봉화 금씨, 퇴계가 속한 진성 이씨眞城李氏, 김성일의 천전(내앞) 김씨 등과의 인척관계가 대표적인 예다. 그리고 재지양반층이 형성됨에 따라 그들은 자기들 계층 내부의 혼인관계를 통한 결합을 강화하였고, 권벌의 부친인 권사빈의 경우와 같은 중앙 정계 명문과의 인척관계는 물론 보이지 않게 되었다. 이러한 재지양반 집단의 계층 내 혼인 경향도 계층으로서 재지양반층 성립을 말해주는 하나의 지표였다고 할 수 있다.

혼인관계를 통한 결합과 함께 재지양반 집단의 횡적 결합을 강화하는 데 중요한 역할을 한 것은 학문을 통한 결합이었다. 안동 지방에서 이러한 학벌 형성에 결정적 영향을 준 사람이 퇴계 이황이다. 퇴계 제자들의 언행과 퇴계와의 사제 관계를 정리한 『도산급문제현록陶山及門諸賢錄』을 보면, 이 책에서 지금까지 등장한 인물들의 이름이 자주 보인다.

이들을 열거해보면 권벌의 아들인 권동보 · 권동미 형제, 천전(내앞) 김씨인 김극일金克一 · 김수일金守一 · 김명일金明一 · 김성일金誠一 · 김복일金復一 다섯 형제, 권벌의 손자 권래의 장인인 김륵, 안동의 향약을 작성한 김기, 퇴계의 손자 이영도, 김성일의 아들이자 권벌의 증손자인 권상충의 장인인 김집, 권래의 사위인 권별의 아버지 권문해 등이다.

또 이 책에는 등장하지 않지만 안동 지방의 저명한 재지양반 가문으로 『경북지방 고문서 집성』에도 관련 고문서가 수록되어 있는 일족의 이름도 여기에는 많이 나온다.

하회동河回洞을 세거지로 한 풍산 유씨豊山柳氏인 유중엄柳仲淹과 유운룡柳雲龍·유성룡柳成龍 형제(유성룡은 임진왜란이 발발했을 때 재상의 지위에 있었던 사람으로 유명하다), 안동 오천烏川을 세거지로 하는 광산 김씨光山金氏 김부필金富弼 형제와 김부인金富仁 형제, 권벌의 조부 권곤의 형인 권개의 증손으로 안동 송야松夜(솟밤)가 세거지인 권호문權好文, 예천 고평高坪이 세거지인 청주 정씨淸州鄭氏 정탁鄭琢, 퇴계 조부의 형의 자손인 이정회李庭檜 등이 이러한 인물이다.

한국 제일의 유학자로 해동의 주자朱子라고 일컬어지는 퇴계의 제자들 가운데에는 이처럼 안동이나 그 주변 지역의 재지양반층이 많이 포함되어 있었다. 재지양반층은 앞에서 서술했던 것같이 향약을 제정하고 지역의 교화에 힘을 다했는데, 향약의 이념은 지극히 주자학적인 것이었다. 안동 지방 향약의 원형은 바로 퇴계가 작성한 향약이었다. 그리고 주자학적 수양을 했던 재지양반층이 농촌 지역에 널리 정착함에 따라 주자학은 한국의 농촌 지역에까지 깊숙이 침투하게 된다.

주자학적 수양을 몸에 익힌 재지양반층이 결집한 장으로 또 하나

백운동서원(현 소수서원)의 전경 한국 서원의 효시로 경상북도 영주시 순흥면에 있다.

중요한 의미를 갖는 것은 서원書院이다. 서원은 유교의 선학先學들을 제사 지내는 것과 함께 양반 자제를 위한 사적 교육기관의 역할을 수행하였고, 재지양반층 결집의 장이기도 하였다. 한국 서원의 효시는 1542년에 건립된 백운동서원白雲洞書院(뒤에 소수서원紹修書院으로 개명)이며, 16세기 후반 이후 각지에 서원이 많이 설립되어, 18세기 초엽에는 전국에 593개를 헤아리게 되었다.

안동은 전국에서도 서원이 가장 많이 세워진 지역으로 퇴계를 모신 호계서원虎溪書院, 권벌을 모신 삼계서원三溪書院, 유성룡을 모신 병산서원屛山書院 등 18세기 중엽에는 서원이 열 개 있었다. 조선시대에는 과거시험을 위한 교육기관으로 수도 서울에 성균관과 동, 서, 남, 북의 사학四學, 읍마다 향교鄕校가 설치되어 있었지만, 17세기 이후가 되면 서원이 재지양반 자제의 교육기관으로서 더 중요한 역할을 수행하게 된다.

그리고 서원 중에도 국왕으로부터 편액扁額(서원의 이름을 국왕 자신이 쓴 현판)을 받은 서원은 사액서원으로서 특권적인 지위를 가져 수령의 권한도 미치지 못하는 세력을 이뤘다. 안동의 열 개 서원 중 호계서원, 삼계서원 등 네 곳이 사액서원이었다.

동족집락의 형성

향안은 읍을 단위로 작성되어 읍별로 재지양반 집단의 결집 단위로 기능하였다. 이에 비해 혼인과 학연에 따른 결합은 읍을 넘어 재지양반층을 연결하는 역할을 하였다. 이렇게 해서 재지양반층은 지방의 지배 세력으로 지위를 확립해갔고, 각 양반 가문의 세거지는 그들의 근거지가 되었다.

입향조가 입거하고 자손들이 대대로 같은 장소에서 살게 됨에 따라 그곳이 일족의 세거지가 되었기 때문에, 세거지는 동족인 사람들이 다수 거주하는 동족집락同族集落이 되는 것이 일반적이었다. 따라서 재지양반층이 형성되는 과정은 동시에 동족집락이 형성되는 과정이기도 하였다.

동족집락에 대한 본격적인 조사는 1930년대 들어서 시작되었다.

조선총독부가 식민지 통치에 필요하여 조사했는데, 조사의 중심적인 추진자였던 젠쇼 에이스케善生永助 씨는 당시 조선 전체에 1만 5,000개의 동족집락(젠쇼 씨는 동족부락이라고 불렀다)이 존재한다고 보고하였다. 여기에서 말하는 집락이나 부락은 행정의 최말단 단위인 동이나 리보다 더 하위에 있는, 즉 자연 촌락에 해당한다. 당시 조선 전체에 집락이 얼마나 존재했는지는 명확하지 않지만 7만~8만 정도였던 것으로 추정된다. 따라서 동족집락은 전체 집락의 5분의 1 정도를 차지했던 것으로 생각되는데, 시대를 거슬러 올라가면 그 비율이 반드시 더 높아진다.

이처럼 동족집락은 농촌 사회에서 매우 중요한 위치를 차지했지만 동족집락에 거주하는 동족집단이 모두 재지양반층의 자손이었던 것은 물론 아니다. 그러나 양반 이외의 계층에도 동족 의식이 형성된 것은 19세기 이후의 일로 생각되므로 18세기까지 성립되었던 동족집락은 거의 모두 재지양반층의 이주 · 정착에 따른 것으로 생각된다.

젠쇼 씨는 전국의 동족집락 중에서도 특히 저명한 1,685개를 뽑아 발생 연대를 조사했는데 그 결과는 〈표 2〉와 같다. 이 표에 따르면 300년에서 500년 전 사이에 발생한 동족집락이 가장 높은 비율을 차지하였음을 알 수 있다. 이 조사는 1930년에 했기 때문에 1431년에서 1630년 사이에 발생한 동족집락이 가장 많다. 다음으로 많은 것은 1631년에서 1830년 사이에 발생한 것으로 1831년 이후 100년간 발생한 동족집락은 극히 소수였음을 알 수 있다. 도별로 보면 경상북도, 전라남도, 경기도의 순으로 저명한 동족집락이 많은데, 안동을 포함

〈표 2〉 저명 동족집락의 발생 시기(1930년 현재)

	500년 이상	500~300년	300~100년	100년 미만	불명	계
경기도	27	85	70	2	51	235
충청북도	10	43	31	2	48	134
충청남도	12	35	20	3	61	131
전라북도	15	26	22	0	29	92
전라남도	31	101	52	1	53	238
경상북도	36	110	44	4	52	246
경상남도	8	53	17	2	55	135
황해도	24	53	31	1	34	143
평안남도	14	49	26	3	20	112
평안북도	7	25	9	0	7	48
강원도	12	25	14	1	27	79
함경남도	11	29	4	1	18	63
함경북도	0	12	11	3	3	29
계	207	646	351	23	458	1,685
비율(%)	12.3	38.3	20.8	1.4	27.2	100

한 경상북도의 경우 1431년에서 1630년 사이에 발생 연대가 분명한 집락의 반 이상이 발생하였다.

젠쇼 씨의 조사에 따라 저명 동족집락의 위치, 지세를 표시하면 〈표 3〉과 같다. 산록에 위치한 것이 가장 많고 그다음으로 평야, 배산임수의 순이다. 배산임수는 산을 등지고 앞쪽에 하천이 흐르는 산간의 작은 평지 지대다. 산록, 배산임수, 계곡, 산음 등 산간 지역에 위

〈표 3〉 저명 동족집락의 위치 · 지세

	산음 山陰	산록 山麓	배산 임수	계곡 溪谷	구릉 丘陵	평야 平野	분지 盆地	연하 沿河	임해 臨海	연도 沿道	계
경기도	12	74	38	10	3	51	10	14	11	12	235
충청북도	1	48	18	12	1	26	9	17	0	2	134
충청남도	6	60	14	2	5	27	6	2	4	5	131
전라북도	6	46	10	1	5	16	5	3	0	0	92
전라남도	10	123	25	1	11	41	2	8	14	3	238
경상북도	8	75	72	25	8	33	5	13	1	6	246
경상남도	2	57	22	16	3	17	1	6	9	2	135
황해도	1	45	8	7	4	61	1	3	10	3	143
평안남도	2	25	19	7	7	32	2	18	0	0	112
평안북도	0	11	14	4	0	11	1	2	4	1	48
강원도	2	13	17	6	0	26	1	4	1	9	79
함경남도	1	17	10	5	7	13	1	6	3	0	63
함경북도	0	8	10	1	0	2	0	2	5	1	29
계	51	602	277	97	54	356	44	98	62	44	1,685
비율(%)	3.0	35.7	16.4	5.8	3.2	21.2	2.6	5.8	3.7	2.6	100

치하는 동족집락이 다수를 차지한 것이 이 표에 나타난다. 이러한 산간 지향은 거주지의 적합 여부를 결정하는 데 큰 역할을 한 풍수사상의 영향 때문일 것이다. 경상북도는 산이 많고 평지가 적은 지리적 조건도 있어 산록이나 배산임수에 위치하는 동족집락의 비율이 특히 높다.

젠쇼 씨가 주로 조사한 것은 저명한 동족집락에 한정되어 있는데,

다음에는 안동을 예로 들어 동족집락의 형성 시기를 살펴보자. 1983년 경상북도 교육위원회는 도내의 전 집락을 대상으로 집락 이름의 유래에 관한 조사를 실시하였다. 이 조사는 어디까지나 집락 이름의 유래에 중점을 두었지만 집락의 성립 시기나 개척자에 대해 답한 사람도 많이 보인다.

조사 결과는 『경상북도지명유래총람慶尙北道地名由來總覽』으로 간행되었는데, 이에 따르면 현재 안동군 전체 집락 1,058개 중에서 성립 연대가 분명한 것은 265개를 헤아린다. 그리고 265개 집락의 성립 연대별 내역을 보면 고려시대까지가 63개(23.8%), 15세기가 27개(10.2%), 16세기가 48개(18.1%), 17세기가 35개(13.2%), 18세기가 31개(11.7%), 19세기가 19개(7.2%), 20세기가 29개(10.9%), 1592년 임진왜란 이후 연대가 분명하지 않은 것이 6개(2.3%), 조선시대이지만 성립 연대가 분명하지 않은 것이 7개(2.6%)가 된다.

재지양반 집단이 활발히 형성된 16세기에 성립, 전승된 집락이 가장 많고 15~18세기에 성립된 집락이 전체의 과반수를 차지하였다. 이들 15~18세기에 성립된 집락 중 양반층의 정착으로 성립된 집락의 수는 15세기 14개, 16세기 39개, 17세기 27개, 18세기 29개여서, 15~18세기에 성립된 집락의 압도적 다수가 재지양반층의 동족집락이었음을 알 수 있다.

이에 비해 고려시대에 이미 성립되었던 63개 집락 중 동족집락으로 형성된 것은 13개에 지나지 않아 대다수 동족집락이 조선시대가 들어선 이후 형성된 것으로 생각된다.

이와 같이 재지양반층의 형성 과정은 동시에 그들의 세거지인 동족집락의 형성 과정이기도 했는데, 동족집락이라 해도 동족의 사람들만이 거주했을 리 없다. 양반들이 소유한 노비가 많이 거주하였고, 양반의 토지를 빌려 농업을 경영하는 사람도 있었다. 또 시기를 달리하여 이주해온 둘 이상의 동족집단이 동일한 집락에 존재하는 경우도 보인다.

이런 집락에서는 동족집단끼리 집락의 지배권을 둘러싸고 격렬히 대립하기도 하였지만, 어떻든 동족집락에서는 재지양반층에 속한 특정한 동족집단이 지배적인 지위를 가지고 있었다. 농촌 지역에 널리 전개된 동족집단이야말로 양반지배 체제의 거점 역할을 다했고, 또한 조선 사회 전체에 주자학적 질서를 수립해가는 데도 큰 힘을 발휘하였다.

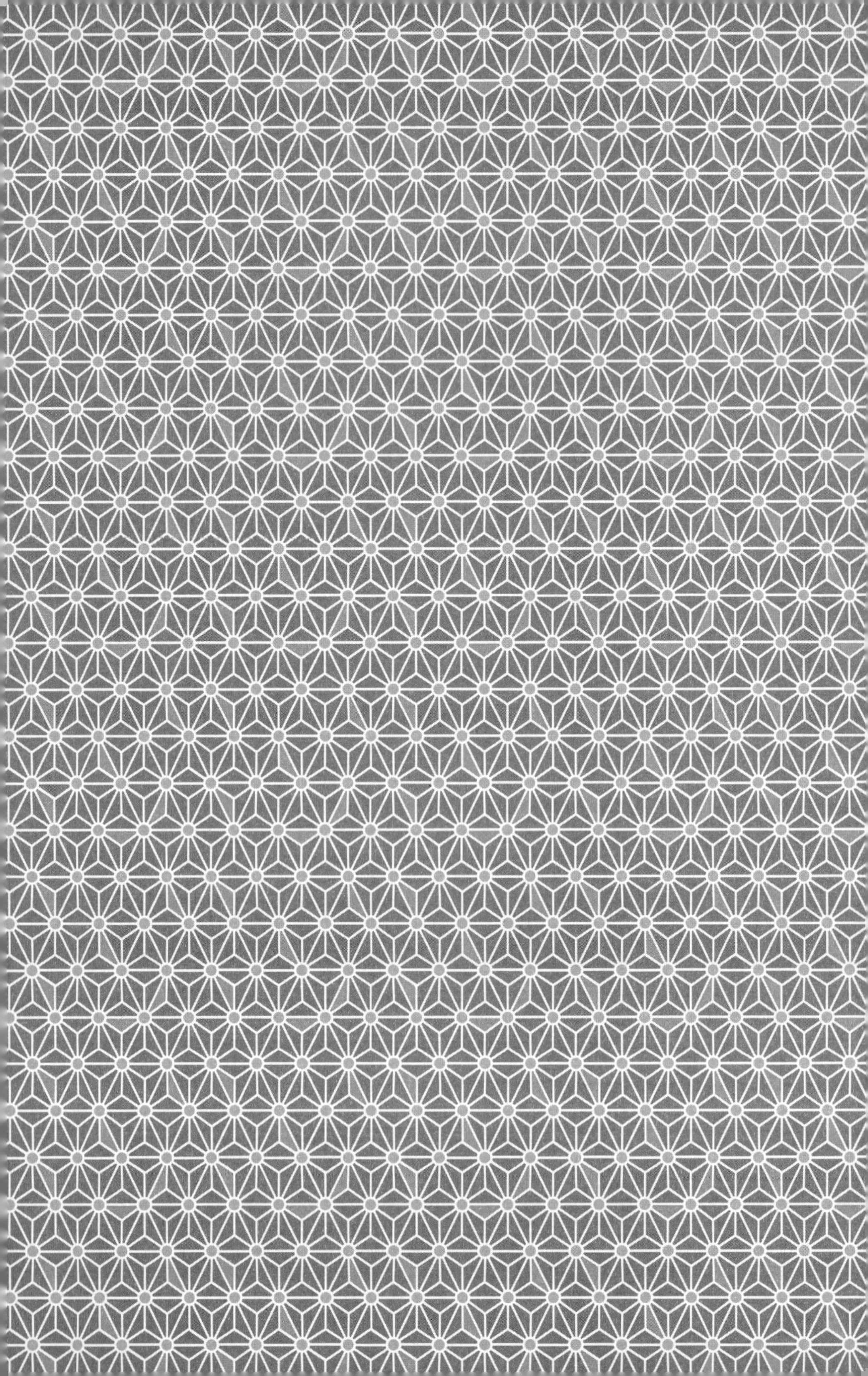

7

재지양반층의 보수화와 동족 결합의 강화

양반 계층 성장의 종언

앞에서 살펴본 것처럼 조선 전기의 양반들은 경지 개발을 적극적으로 추진하여 경제력을 향상하고 동시에 중앙 정계에 진출함으로써 재지양반층을 광범위하게 형성하였다. 다시 말해 재지양반층은 확대재생산되어온 것인데, 17세기 중반부터 재지양반층의 경제력 발전은 정체 양상을 보인다. 여기에서도 먼저 유곡 권씨의 예를 들어보자.

3장에서 소개한 권벌의 종손가에 소장된 아홉 종류의 분재기(72쪽 이하 참조) 중 여기에서는 분재기 (4)에서 (9)까지를 참조하여 그 종손가의 경제력 추이를 살펴본다. 앞에서 진술한 바와 같이 분재기 (4)에서 권벌은 자식들에게 317명의 노비와 2,312두락의 경지를 유산으로 물려주었다. 이 유산 규모가 그가 상속으로 획득한 재산보다도 훨씬

켰다는 것, 다시 말해서 권벌 당대 동안에 재산 규모가 크게 확대된 것에 대해서는 앞에서 설명했다.

분재기 (5)는 권벌의 차남(권동미)이 자식들에게 재산을 나누어줄 때 작성한 것이다. 이에 따르면 권동미는 자식들에게 노비 341명, 농지 1,486.6두락을 물려주었다. 그가 부친인 권벌에게서 유산으로 상속받은 것은 노비 88명, 농지 578두락(분재기 4에 따름)이었으므로 그의 처가 자기 부모에게서 상속한 재산을 고려하더라도 그의 대에서도 재산 규모가 확대되었다고 볼 수 있다.

권동미의 차남이며 권동보의 양자가 된 권래는, 생부인 권동미와 양아버지인 권동보 두 사람에게서 유산을 상속받았다. 권동보에게서 받은 상속분은 명확하지 않으나 권동미에게서는 노비 54명, 농지 250.1두락의 재산을 상속받았다. 또한 그의 처는 분재기 (6)에 따르면 부친인 김륵에게서 노비 42명, 농지 251.5두락을 상속받았다.

권동보의 상속분이 명확하지 않기 때문에 그가 상속으로 얻은 재산의 전체 규모는 알 수 없지만, 만약 권동보가 권벌에게서 분재받은 노비 104명, 농지 741두락이 그대로 그에게 상속되었다고 본다면 그가 세 가지 방법으로 상속한 재산은 모두 노비 200명, 농지 1,242.6두락이 된다. 한편 분재기 (7)에 따르면 권래는 자식들에게 532명의 노비와 2,059두락의 농지를 남겼으므로 그의 대에도 계속해서 재산 규모가 확대되었다고 볼 수 있다.

이와 같이 권벌의 대에서 손자 권래의 대까지 삼대에 걸쳐서 이 일족은 재산 규모를 확대해왔는데, 다음의 권상충 대에 오면 상황이 변한다. 권상충은 아버지인 권래에게서 노비 91명, 농지 363두락을 상속받았으나 분재기 (8)에 따르면 그가 자식들에게 남긴 재산은 노비 136명과 농지 825.8두락이었다. 그의 처가 상속한 재산을 고려한다면 권래 대까지의 급속한 재산 규모 확대에 비해 재산 확대 경향이 한계에 도달하였음을 여기에서 엿볼 수 있다. 분재기 (8)이 작성된 지 5년 후인 1687년 분재를 수정하기 위해 새롭게 작성된 분재기 (9)의 분재 대상은 노비 136명과 농지 737.8두락이다. 분재기 (8)에 비해 노비 수는 동일하나 농지 재산은 90두락 가까이 감소해 여기에서도 재산 규모의 확대 경향이 정지된 것을 살펴볼 수 있다.

권벌의 종손가에는 분재기 (9)를 마지막으로 이후 분재기는 남아 있지 않으므로 권상충의 아들인 권목 대 이후 재산 규모 변동은 명확하지 않다. 그러나 종손가에 소장된 18세기 이후의 호적 자료가 영남대학교 민족문화연구소에서 출판된『영남 고문서 집성 (I)』에 수록되어 있으므로 이를 통해 노비 소유의 변동을 추적할 수 있다.

조선시대에는 국가 정책에 따라 3년에 한 번씩 호적이 작성되었다. 호적을 작성할 때는 먼저 각 호에서 가족 구성을 기록한 문서를 제출하고 그 문서를 기초로 관에서 조사한 후 호적대장을 작성한다. 그리고 호적대장에 기재된 각 호의 내용을 증명할 필요가 있을 때는 호적 내용을 베낀 문서를 각 호가 신청하여 관에서 각 호에 발급하는 방식으로 하였다.

각 호에서 제출하여 호적의 원안이 되는 문서를 호구단자戶口單子라고 하고 관에서 발급하는 호적 내용 증명서(말하자면 호적등본)를 준호

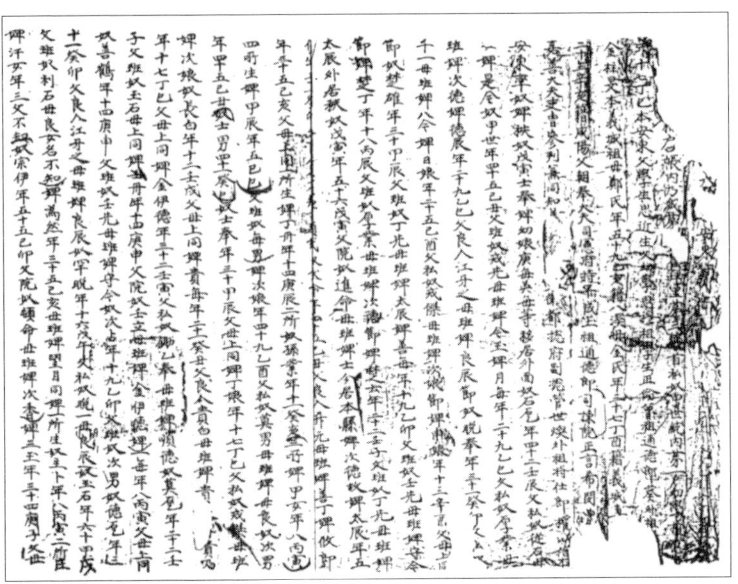

영조 8년(1732)의 준호구 권응도 씨가 소장하고 있다.

구準戶口라고 불렀다. 권벌의 종손가에 남아 있는 것은 1727년, 1732년, 1735년의 준호구와 1877년에서 1902년까지 여섯 종류의 호구단자다.

1727년의 준호구에는 권목의 차남 권두인(그는 차남이나 종가의 대를 이었다. 이 사정에 대해서는 197쪽 참조)의 손자 권정륜權正倫이 호주로 등장한다. 이 준호구에는 167명의 노비가 기재되어 있으나 그중 37명은 도망친 노비였다. 또 1877년의 호구단자를 보면 54명의 노비가 기재되어 있으나 24명이 도망친 노비였다. 이와 같은 노비수의 추이를 보면, 이 가계는 조선 말기에 이르기까지 상당한 규모의 노비를 소유해 명문다운 면모를 보이나 18세기 이후에는 노비수 감소 경향이 뚜렷

이 드러나는데, 특히 도망 노비가 많았다는 점은 주목할 만하다.

권벌의 형인 권의의 자손들이 형성한 저곡 권씨渚谷權氏도 많은 분재기가 현존하는데, 이 일족에게도 18세기 이후 재산 규모의 정체 현상이 보인다. 이 일족은 양자가 많아 계보 관계가 복잡하지만 분재기가 남아 있는 세대까지의 그 관계는 〈그림 7〉과 같다.

분재기를 통해 판명되는 이 일족의 재산 규모 변화를 보면 먼저 권의가 자식들에게 남긴 재산은 노비 95명, 농지 871두락이었다. 그중 저곡 권씨의 중심 존재인 차남 권심언權審言이 분재받은 것은 노비 14명, 농지 141두락에 지나지 않았다. 권심언의 자식과 손자 세대의 분재기는 남아 있지 않으나, 저곡 권씨를 유력한 재지양반으로 성장시키는 데 크게 기여한 권심언의 차남 권욱權旭의 양자인 권상달權尙達이 자식들에게 물려준 재산은 노비 60명, 전답 251두락이었다.

권상달의 삼남인 권윤權鈗은 권상경權尙經의 양자가 되었으나 조부인 권욱과 아버지인 권상달에게서 노비 26명, 농지 95두락을 상속받는 한편 입양된 권상경의 처에게서 노비 20명, 농지 75두락을 분재받는다. 따라서 권윤이 상속받은 재산은 둘을 합쳐서 노비 46명, 농지 170두락인데, 그가 자식들에게 물려준 재산은 노비 129명, 농지 450.5두락으로 이는 상속 재산을 훨씬 웃도는 수준이었다.

그러므로 이 일족에서도 권윤의 대까지는 재산규모의 확대를 볼 수 있다. 그러나 권윤의 자식인 권수원權壽元(1654~1729)의 대가 되면 양상이 바뀌게 된다. 권수원은 아버지에게서 노비 49명, 농지 160두락을 분재받았으나 그가 자식들에게 물려준 재산은 노비 35명, 농지

〈그림 7〉 저곡 권씨 세계도

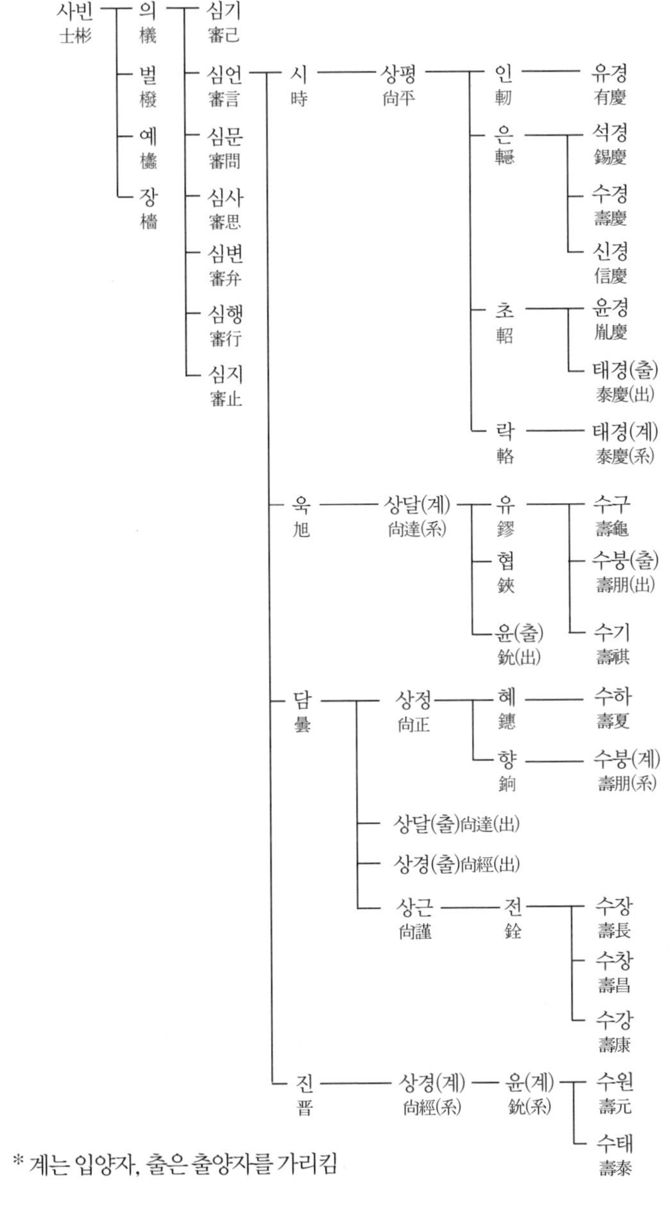

* 계는 입양자, 출은 출양자를 가리킴

58두락으로 자신의 상속분을 크게 밑도는 수준이다. 결국 이 가계는 권수원의 대, 즉 18세기에 들어와서 재산 규모가 축소되었다.

이처럼 유곡 권씨, 저곡 권씨 모두 17세기 전반까지는 자식 여러 명에게 재산을 나눠주면서도 재산 규모를 확대해왔으나, 17세기 후반에서 18세기로 들어오면 재산 규모가 정체되거나 줄어드는 경향으로 반전된다. 그리고 이와 같은 현상은 이 두 재지양반 가계에만 그치지 않았다. 『경북지방 고문서 집성』에 수록된 수많은 재지양반가에서도, 또한 전라도 지방의 해남 윤씨海南尹氏나 부안 김씨扶安金氏의 경우에도 똑같은 현상을 볼 수 있다.

물론 그중에는 18~19세기에도 재산 규모를 확대하는 일족도 있었으나 재지양반 계층 전체로는 17세기 후반 이후 경제력 성장이 정지해버린다. 그리고 많은 재지양반 가계에서는 18세기 후반 이후, 다음에 서술할 상속제도의 변화와도 관련되는데, 분재기 자체가 작성되지 않는다. 현존하는 분재기는 거의 대부분 18세기까지의 것이며 19세기의 것은 극히 드물다. 재지양반층의 경제력 저하가 이러한 현상을 만들어낸 큰 원인이라고 생각할 수 있다.

상속제도의 변화

17세기 후반 이후 재지양반층의 경제력이 차츰 줄어듦에 따라 상속 형태에도 큰 변화가 나타나기 시작한다. 그 변화의 큰 줄기는 남녀 균분상속男女均分相續→남자균분상속男子均分相續→장남우대상속長男優待相續인데, 이것도 유곡 권씨를 예로 들어 살펴보자.

권벌의 자식들이 유산 상속을 받았을 때 작성된 분재기 (4)에 대해서는 이미 소개했으나, 이 (4)의 내용을 상속자 한 사람분으로 각각 나눠보면 〈표 4〉와 같다. 이 표에서 봉사奉祀라고 한 것은 조상의 제사 비용으로 설정된 재산이다.

〈표 4〉에 나타나 있는 상속제도의 최대 특징은 정실 소생인 남녀 간에 균분상속되는 점이다. 적자인 권동보, 권동미와 적녀의 사위인 홍인수洪仁壽는 각각 86, 88, 87명씩의 노비를 분재받고 있다.

이와 같이 분재되는 노비의 수가 거의 동일할 뿐만 아니라, 남자종

〈표 4〉 권동보 형제의 상속 재산

	노비				농지(두락)			
	남자종	여자종	불명	계	논	밭	불명	계
봉사奉祀	8	10	0	18	155	15	0	170
장남 동보	41	44	1	86	203	368	0	571
이녀 홍인수	41	45	1	87	332	292	0	624
삼남 동미	42	43	3	88	328	250	0	578
서자 동신	5	6	0	11	72	59	0	131
서녀 왕왕	5	3	0	8	26	35	0	61
서녀 왕대	4	4	0	8	34	53	0	87
서자 동진	6	5	0	11	58	30	2	90
계	152	160	5	317	1,208	1,102	2	2,312

과 여자종의 내역內譯에 따른 분재 비율도 대체로 같다. 남자종과 여자종의 내역까지 신경 쓴 것은 각각의 경제적 의미가 달랐기 때문이다. 즉 남자종은 노동력에서 여자종보다 유익하나, 여자종은 '종모법'의 규정에 따라 그 자식에 대한 소유권이 여자종의 소유자에게 인정된다는 이점이 있었다. 표에는 나타나지 않았지만 이와 같은 이유로 노비의 연령 구성까지도 각각의 상속인에게 균등히 배분되도록 배려했다.

농지의 경우 두락수로 보면 노비의 경우만큼 균등하게 분재되지 않았다. 그러나 농지는 각 지방에 분산되어 있었고 비옥도가 각각 달랐으므로 두락수만으로 경제적 가치를 측정하기는 불가능하다. 아마도 거주지에서 멀고 가까운 정도나 각 토지의 비옥도를 고려해 실질적인 균분을 유도하려 했으리라 생각된다.

15세기에 제정된 조선시대의 기본 법전인 『경국대전』에서는 노비 및 전택田宅(경지와 택지)을 다음과 같이 상속하도록 정해놓았다. 즉 적자녀 사이에서는 균등하게 분배하고, 승중자承重子(제사권의 상속자를 의미하며 통상은 적장남)에게는 5분의 1을 추가 지급하며, 양첩 자녀良妾子女(어머니의 신분이 양인 이상인 서출의 자녀)에게는 적자녀의 7분의 1을, 천첩 자녀賤妾子女(어머니의 신분이 천민인 서출의 자녀)에게는 적자녀의 10분의 1을 각각 나눠준다는 규정이 그것이다. 『경국대전』의 규정에 따르면 〈표 4〉에 보이는 두 서자는 양첩 자녀이고 두 서녀는 천첩 자녀였다고 생각된다.

〈표 4〉를 보면 특히 노비의 분재에 『경국대전』의 규정이 충실히 지

켜지고 있음을 알 수 있다. 농지는 봉사분과 서출 자녀에 대한 분재분이 『경국대전』의 규정보다 많지만 법규정에서 크게 벗어난 것으로는 생각되지 않으며 허용 범위 내였다고 보아도 좋을 것이다.

16세기의 남녀균분상속 원칙은 권벌의 가문에만 한정되지 않는다. 권벌 일족에게 시집온 여성들도 자기 부모에게서 오빠나 동생들과 동등한 재산을 상속받았다는 점은 권벌 어머니의 경우(앞의 분재기 (1))나 권벌 처의 경우(분재기 (3))에서도 확인할 수 있다. 권벌은 앞에서 기술한 것처럼 어머니의 출신지인 안동부 도촌리에서 태어났는데, 이것은 그의 아버지인 권사빈이 결혼한 뒤에도 처가에 거주했음을 나타낸다. 당시에는 결혼한 뒤 처가에 거주하는 것이 매우 일반적인 관행이었는데, 이와 같은 관행을 뒷받침했던 것은 남성과 동등한 재산을 상속받을 수 있었던 여성의 강한 경제력이었다.

그러나 17세기에 들어서면 이와 같은 상속 형태에는 변화가 생긴다. 1621년에 작성된 권래 자식들 간의 분재기 (7)에 기초하여 각 상속자의 취득분을 표시해보면 〈표 5〉와 같다. 이 표에서 볼 수 있듯이 세 적자의 분재분이 다섯 적녀의 분재분보다 노비, 농지 모두 약간씩 많다. 장남인 권상충의 상속 농지가 다른 적자에 비해 적으나 그에게는 봉사분이 가산되어 있으므로 이것을 고려한 결과라고 생각된다.

적자와 적녀 사이의 균분상속이라는 원칙이 여기에서는 지켜지지 않는데, 이렇게 상속된 이유에 대해 분재기 (7)에서는 "가옹유서家翁遺書(권래의 유서)에 따라 적자 세 명에게는 별급분으로 약간의 노비와 농지를 준다"라고 하였다. 이 분재기에서 언급된 '가옹유서'도 다행히

〈표 5〉 권상충 형제의 상속 재산

	노비				농지(두락)			
	남자종	여자종	불명	계	논	밭	불명	계
봉사奉祀	11	11	0	22	79	43	0	122
장녀 이영기	25	31*	1	57	94	118.5	13	225.5
차녀 김영조	29	29	2	60	157	44	0	201
삼녀 권별	31	28*	1	60	114.5	110	0	224.5
사녀 김필	27	29*	3	59	114.5	83	0	197.5
오남 상충	31*	33	0	64	102	108	5	215
육남 세충	31	31	4	66	131	147	0	278
칠녀 김규	29	27*	2	58	141	75	0	216
팔남 석충	31*	31*	2	64	135	121	0	256
서자 순공	2	2	0	4	6	29.5	0	35.5
서자 효공	2	2	0	4	12	20	0	32
망자亡子 아손 제사	3	0	0	3	6	0	0	6
풍산 서모 제사	0	2	0	2	0	20	0	20
망자亡子 종훈의 서자 정이	6	3	0	9	30	0	0	30
계	258	259	15	532	1,122	919	18	2,059

* 표시한 것에는 도망자 한 명씩이 포함됨

권별의 종손가에 전해져 『경북지방 고문서 집성』에 수록되어 있다. 만력 43년(1615) 2월 15일자의 이 유서에서 권래는 대강 다음과 같이 말하였다.

나는 선세先世의 유업을 이어받아 토지나 노비가 남들보다 많으나 자녀 또한 많으므로 이것들을 균등하게 나눠서 물려주면 노비나 토지의 수가 충분하다고 할 수는 없다. 계성繼姓의 자손들이 빈궁해져 선조의 제사를 잘 치르지 못하게 되는 것이 아닐까 하는 우려도 끊이지 않는다. 남자도 여자도 모두 형기形氣를 부모에게서 이어받았으므로 정으로야 참을 수 없지만, 그러나 안팎으로는 크게 차이 나는 부분이 있다. 그러므로 계성의 자손이라면 아무리 못산다 해도 조상의 묘에 향불이 꺼지는 것은 참을 수 없겠지만, 여자의 시댁인 다른 성의 자손이라면 유식한 사람이라도 외조外祖의 제사에 성의를 기울이는 사람은 적을 것이다……. 이처럼 생각한다면 재산을 물려줄 때 자녀에게 물려줄 수밖에 없을지라도 조금은 융통성 있게 하는 방법도 있을 것이다. 그래서 나는 선군先君의 유지를 이어 원元노비·전답 중에서 약간만 떼어 그것을 삼등분하여 세 아들에게 나눠주기로 한 바, 이것을 별급이라 칭하기로 한다.

여기에 나오는 원노비·전답이라는 것은 권래가 부모에게서 상속받은 노비와 전답을 의미하는 것으로 보인다. 이 유서에 기술되어 있는 바와 같이 계성의 자손, 즉 남계男系의 자손들이 지내는 조상 제사가 끊이지 않게 남자에 대한 별급분이 새로 설정된 것이다.

분재기 (7)에서는 이것 외에도 봉사조의 비대화와 서자에 대한 분재분의 감소라는 특징을 이끌어낼 수 있다. 봉사조는 적자녀 상속분의 5분의 1이라는『경국대전』규정을 크게 웃돌며, 특히 농지에서 그

것이 현저하다. 이러한 봉사조의 비대화도 조상 제사를 중시하는 앞의 유서의 정신을 반영한 것으로 생각된다.

서출 자녀에 대한 분재의 감소는 적서의 구별이 더 엄격해졌음을 말해주는데, 이는 남자의 이름을 짓는 방법에도 나타난다. 권벌의 자식인 권동보 형제의 경우에는 서자 두 명도 동신東愼, 동진東進이라는 이름을 받아(표 4) '동'이라는 항렬자(58쪽 참조)를 적자들과 공유하였다. 권동미의 자식인 권채權采 형제의 경우도 서자는 책策이라고 이름 붙여져 적자들과 '목木'이라는 항렬자를 공유하였다. 이에 비해 권상충의 대에 오면 서자 두 명의 이름에는 '충'이라는 항렬자가 사용되지 않는데(표 5), 이 점에서도 적서 구별이 더 엄격해졌다고 할 수 있다.

다음으로 1682년에 작성된 분재기 (8)을 보면 남녀균분상속 원칙의 해체가 더욱 두드러진다. 분재기 (8)의 내용을 상속자별 상속분으로 나눠보면 〈표 6〉과 같다. 이에 따르면 이천기李天紀를 제외한 네 명의 사위에게는 농지가 일절 분재되지 않으며, 노비도 세 적자가 21명씩 분재받은 데 비해 사위들은 13명의 노비를 분재받았을 뿐이다. 사위 중에서도 유일하게 이천기에게만 농지가 상속된 것은 그가 대대로 빈궁한 집 출신으로 유우流寓(방랑하다가 타향에서 임시로 몸을 붙여 사는 것)의 신분이라는 특별한 이유 때문이었다.

분재기 (8)의 서문에서는 이렇게 분재된 경위에 대해 "기본적으로 부모의 의사는 적은 가산을 여덟 명의 자식에게 나눠 물려주면 제사도 지낼 수 없게 되므로 노비와 토지를 세 명의 아들에게만 물려준다는 것이며 사위들도 이에 동의하였으나 외손자들의 생활이 곤궁한

〈표 6〉 권목 형제의 상속 재산(1)–1682년 분재기

	노비			농지(두락)			
	남자종	여자종	계	논	밭	불명	계
봉사奉祀	3	3	6	23	22	4	49
사위 정시영	5	8	13	0	0	0	0
목	10	11	21	109	103.6	0	212.6
사위 이천기	6	7	13	40	46	3	89
국	10	11	21	98	113.6	0	211.6
사위 이명익	6	7	13	0	0	0	0
홍	10	11	21	95.5	92.1	4	191.6
사위 이진우	5	8	13	0	0	0	0
사위 이만엽	7	6	13	0	0	0	0
서자 점	1	0	1	12.5	9	0	21.5
서자 겸	1	0	1	12.5	9	0	21.5
외조카 정질	0	0	0	10	4	0	14
외가 제사	0	0	0	15	0	0	15
계	64	72	136	415.5	399.3	11	825.8

것은 불쌍하므로 노비만은 사위에게도 분재하기로 했다"라고 씌어 있다. 이리하여 권래의 유언에 따라 별급이라는 형태로 시작한 남자에 대한 우대가 여기에서는 더욱 명확한 형태로 나타난다.

한편 매우 흥미로운 것은 분재기 (8)로부터 5년 뒤 작성된 분재기 (9)를 보면 남녀균분상속의 방향으로 되돌아가고 있다는 점이다(표 7 참조). 분재기 (9)에서는 수급액受給額에서 약간 차이는 있으나 사위들도 적자 못지않게 노비와 농지를 분재받았다.

1682년에 일단 화회문기가 작성되었는데도 5년 뒤 다시 다른 내용을 담은 화회문기가 작성된 이유는 무엇일까? 그 경위에 대해 분재기 (9)에는 아무 기록도 남아 있지 않다. 추측해보건대 분재기 (8)처럼 『경국대전』의 규정이나 종래 관행과는 크게 다른 분재 방식이 당시 사회에서는 받아들여지지 않은 것이 분재를 다시 시행한 원인이 아니었을까? 결혼이란 말할 필요도 없이 서로 다른 혈연집단이 결합하는 하나의 사회적 형태였으므로 결혼과 불가분하게 연결되어 있는 상속

〈표 7〉 권목 형제의 상속 재산(2)–1687년 분재기

	노비				농시(두락)			
	남자종	여자종	불명	계	논	밭	불명	계
봉사奉祀	5	2	0	7	14	21	0	35
사위 정시영	6	9	0	15	28	32	15	75
목	7	10	0	17	41	53.6	0	94.6
사위 이천기	7	7	1	15	42	44	0	86
국	9	8	0	17	45.5	39.6	0	85.1
사위 이명익	7	8	0	15	44	29.5	0	73.5
홍	7	8	2	17	39	41.6	5	85.6
사위 이진우	7	8	0	15	39	30	0	69
사위 이만엽	5	10	0	15	40	27.5	4	71.5
서자 점	1	0	0	1	12.5	11	0	23.5
서자 겸	1	0	0	1	18	9	0	27
외조카 정질	0	0	0	0	10	2	0	12
질녀 두응	0	1	0	1	0	0	0	0
계	62	71	3	136	373	340.8	24	737.8

제도의 형태도 사회적인 것이었다. 그러므로 한 가문이 사회 관행을 무시하고 자의적으로 상속 형태를 바꾸기는 어렵다. (8)과 (9) 두 분재기의 존재는 17세기 후반 안동 지방에서 남녀균분상속제가 해체되던 과도기적 상황을 단적으로 드러내는 것이다.

권벌 가문에는 18세기 이후의 분재기가 남아 있지 않지만 다른 양반 가문의 18세기 분재기를 보면 남자 우대, 장남 우대라는 경향이 뚜렷하게 나타난다. 장남 우대에는, 남자 간에서는 균등하게 분재하면서 봉사조를 비대화하는 방법이 사용되었다. 그리고 이러한 상속제도의 변화가 진행되면서 분재기 자체가 그다지 작성되지 않게 된다. 엄청난 재력과 에너지를 소비하여 커다란 분재기를 작성한 것은 남녀균분상속의 원칙을 준수한다는 증명이기도 했기에 이 원칙이 포기됨에 따라 분재기 작성의 필요성도 줄어든 것이다.

상속제도를 바꿔놓은 사회적 배경

지금까지 유곡 권씨의 분재기를 예로 들어 남녀균분상속제가 17세기 이후 변화하기 시작한 것을 살펴보았다. 그러면 이와 같은 상속제도의 변화를 불러일으킨 원인은 어디에 있었을까. 이 점에 대해 종래에는 주자학의 보급이 상속제도의 변화를 가져왔다고 생각하였다. 그러나 저자는 더 기본적인 원인으로 재지양반 계층의 경제력 저하를 들어보고자 한다.

앞에서 본 것처럼 권벌 가문에서는 남녀균분상속을 되풀이하면서도 권래 대까지는 전체적으로 재산 규모를 증식해왔으나 권상충의 대에 와서 그전까지의 증식 경향이 정체 또는 하향 국면으로 들어갔다. 권래의 유서나 분재기 (8)의 서문에서 남녀균분을 하지 않는 이유로 들고 있는 것은 균분상속에 따른 재산의 세분화와 이에 동반되는 제사 준행의 어려움에 대한 우려였다.

서로 혼인관계를 맺고 있는 재지양반 집단의 전체적인 경제력이 상향세일 때는 사위에 대한 분재는 남자의 배우자 상속분으로 보전되었지만, 전체적인 양이 감소하게 되면서 각 가문 사이에 재산을 둘러싼 갈등이 나타나게 되었다고 생각할 수 있다.

주지하는 바처럼 중국에서는 옛날부터 남자균분상속이 관행으로 존재했고, 유교의 예禮 체계도 이러한 상속제도나 그것을 받치고 있는 가족제도에 적합한 것이었다. 이러한 점에서 보면 16세기까지 조선은, 한편으로는 주자학을 국교로 수용하면서도 상속을 포함한 가족 · 친족제도 면에서는 주자학이 전제前提하는 것과 크게 달랐다.

15~16세기 『조선왕조실록』에는 결혼 후 처가 거주(일명 솔서제率壻制)와 남녀균분상속의 관행은 주자학의 가르침에 어긋나므로 개정해야 한다는 의견을 상신上申하는 기사를 가끔 볼 수 있는데, 이것도 중국과 조선의 차이점을 의식한 것이었다. 그러나 관행인 이러한 제도가 하루아침에 변할 리 없으므로, 17세기 이후에 와서 중국적 상속제도로, 그러나 장남 우대라는 독자적 형태를 띠며 변화해간다.

상속제도가 변하기 시작한 것이 주자학을 국교로 수용하고도 2세기 이상 지난 후의 일임을 생각하면 주자학의 보급을 상속제도 변화의 원인으로 보기에는 무리가 있다. 그보다 재지양반 계층의 경제력 저하로 상속제도를 변화시킬 수밖에 없게 되었을 때, 주자학이 그 변화를 합리화하는 데 이용되었다고 보는 것이 더 타당하지 않을까.

족보 형식의 변화

상속제도가 남녀균분상속에서 남자 우대, 장남 우대로 변함에 따라 친족제도에도 큰 변화가 일어났다. 남계의 혈연집단으로 구성된 동족 집단의 결합 강화가 그것이다. 동족 결합의 강화는 족보 형식의 변화와 문중 조직의 성립에 잘 나타나 있으므로 두 문제를 검토해보자.

족보는 조상 한 사람의 자손을 세대별로 수록한 계보인데, 송준호 교수에 따르면 조선에는 족보 외에도 다양한 종류의 계보 기록이 있었다. 이들 기록의 명칭과 여러 기록에 포함된 혈연 범위는 〈그림 8〉과 같다.

우선 가승家乘은 자기 부계의 직계 조상을 기록한 것으로, 가장 단순한 계보 기록이다. 다음으로 내외보內外譜는 부계의 직계 조상과 각 조상의 배우자의 부계 직계 조상을 기록한 것으로 대상 범위는 그림에 있는 것처럼 상당히 복잡하다.

다음으로 8고조도八高祖圖라는 것이 있는데 이것은 자기 부친의 조상을 4세대 앞인 8고조부모까지 기록한 것으로, 그림으로 말하면 왼쪽 반쪽 고조대까지가 기록된다. 이 고조도와 같은 범위의 기록을 부친뿐만 아니라 모친에 대해서도 작성해 양친의 8고조부모까지 수록하면 당연히 16고조도가 된다.

이들 여러 형식의 계보 관계 기록 중에서 가승을 제외한 다른 세 가지, 특히 8고조도와 16고조도는 계보를 더듬을 때 아버지 쪽뿐만 아니라 어머니 쪽 또는 할머니 쪽 계보도 기록한 점이 주목된다. 즉 8고조도나 16고조도는 아버지 쪽, 어머니 쪽을 구별하지 않고 그 조상을 기록하였는데, 이는 어머니 쪽 혈연관계를 아버지 쪽의 그것과 동등하게 다루려는 의식의 산물이다. 아버지 쪽과 어머니 쪽을 구별하지 않고 계보 관계를 거슬러 올라간다고 하는 혈연 감각은 초기 족보 편찬 방식에도 다른 형식으로 나타나 있다.

위에서 소개한 네 종류의 계보 기록이 모두 자기를 중심으로 하여 그 조상을 기록한 것이었던 데 비해, 족보는 역으로 한 인물을 공통의 조상으로 하여 자손들을 기록한 것이다. 이러한 족보가 만들어진 것은 15세기 이후로, 기록에 남아 있는 가장 오래된 족보는 1423년에 작성된 문화 유씨文化柳氏의 『영락보永樂譜』다. 그러나 『문화 유씨 영락보』는 현존하지 않으며, 현존하는 가장 오래된 것은 『안동 권씨 성화보成化譜』로 명나라 성화 12년(1476)에 편찬되었다. 『안동 권씨 성화보』의 편찬 방식은 뒷시대의 족보와는 크게 달랐다.

『안동 권씨 성화보』의 내용을 살펴보기 위해 일부를 사진으로 실어

〈그림 8〉 각종 계보 기록의 수록 범위

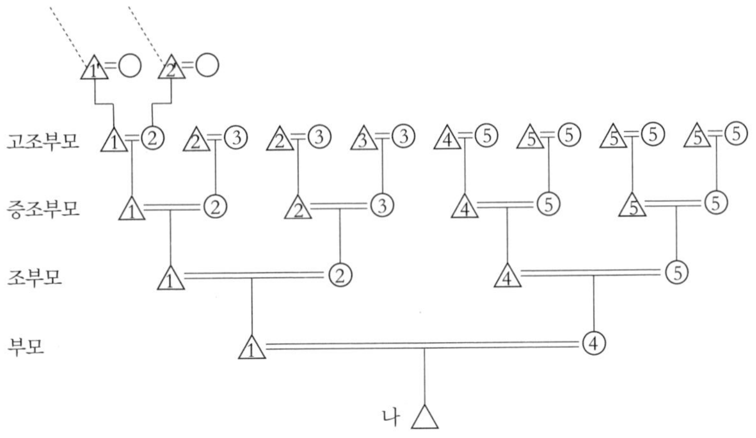

* △는 남성, ○는 여성
** 각 계보 기록의 수록 범위를 그림 안의 번호로 나타내면 다음과 같다.
가승: 1, 1'(위로 세대를 소급함)
내외보: 1, 1', 2, 2', 4(위로 세대를 소급함)
팔고조도: 1, 2, 3
십육고조도: 1, 2, 3, 4, 5

둔다. 이것은 권벌의 직계 조상인 권수홍과 그 증손까지를 나타낸 부분이다. 이『성화보』편찬 방식의 최대 특징은 남계 자손들뿐 아니라 여계 자손까지도 기록한 점이다. 사진에 실린 부분을 예로 들어 구체적으로 설명하면, 권수홍의 사위는 방걸方乞이란 인물인데, 방걸의 자손들도 족보에 수록되어 있다. 뒤에 보겠지만 18세기 이후 작성된 족보에서는 여계 자손은 사위 이름만 나타나거나 기껏해야 딸과 사위 사이에 태어난 아들의 이름까지밖에 기록되지 않는다. 이에 비해

『성화보』에는 딸의 자손도 아들의 자손과 마찬가지로 족보 편찬 당시까지의 계보가 기록되어 있다.

안동 권씨 집안에서 태어난 여성이 다른 집안으로 시집가서 아들을 낳으면 그 아들은 시집간 집안의 성을 따르게 된다. 그러므로 안동 권씨로서는 당연히 성이 다른 사람이 되는데, 『성화보』에는 성이 다른 자손도 모두 수록했다. 만약 남자와 여자가 동일한 비율로 태어난다면 어떤 부부의 손자 세대에서는 2분의 1이, 증손의 세대에서는 4분의 3이 성이 다른 사람이 된다는 것은 〈그림 9〉에 나타낸 대로다.

이처럼 세대가 내려갈수록 한 사람의 선조에서 나온 자손들의 집단 중 선조와 같은 성을 따르는 사람의 비율은 점점 낮아지게 된다.

『성화보』는 여계의 자손까지도 망라하는 체제여서 안동 권씨의 족보이면서도 안동 권씨가 아닌 인물이 많이 수록되어 있다. 송준호 교수의 계산에 따르면 『성화보』에 등장하는 인물 약 8,000명 중에서 안동 권씨 남자는 380명에 지나지 않는다. 『성화보』와 같은 편찬 방식은 현존하는, 『성화보』 다음으로 오래된 족보인 『문화 유씨 가정보文化柳氏嘉靖譜』(명나라 가정 44년, 1565)에서도 볼 수 있다. 여기에서도 족보에 기재된 총 3만 8,000명 중 문화 유씨에 속하는 사람은 1,400명에 지나지 않는다.

15~16세기의 초기 족보에서 나타나는 이러한 편찬 방식은 당시 남계와 여계의 자손, 다시 말하면 내손內孫과 외손外孫을 구별하는 혈연 의식이 희박했음을 반영하는 것이다. 그리고 이와 같은 의식은 8고조도나 16고조도에서 드러나는, 부계와 모계의 조상을 구별하지

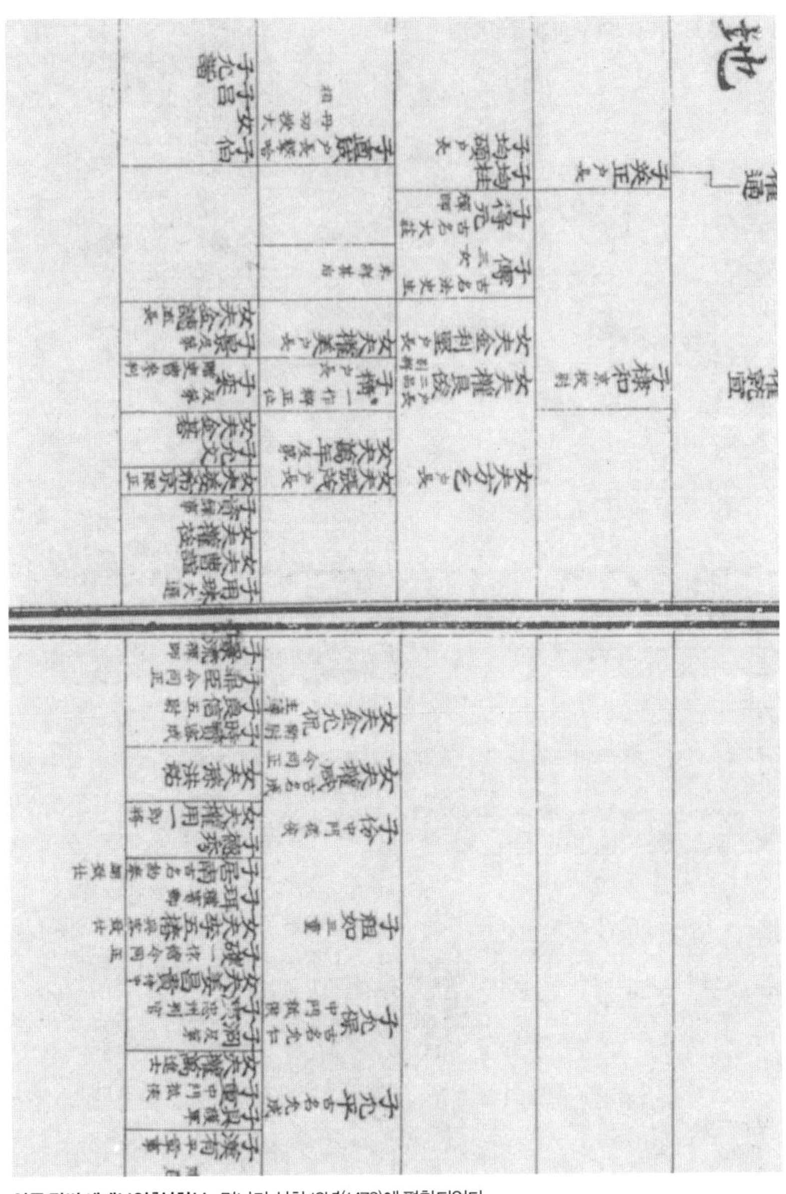

안동 권씨 세계보인 『성화보』 명나라 성화 12년(1476)에 편찬되었다.

〈그림 9〉 세대의 경과와 동성 집단의 범위

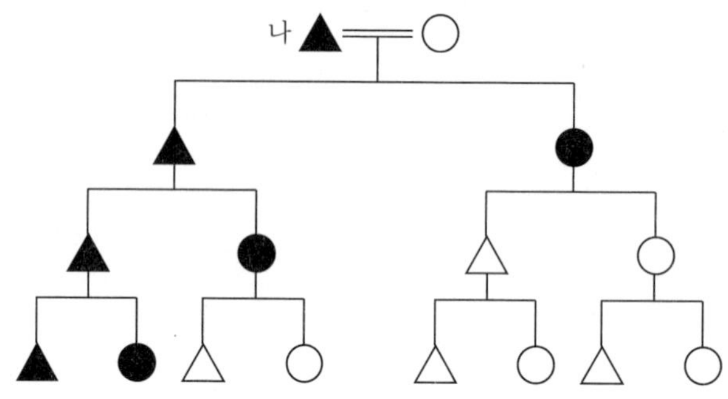

* △는 남성, ○는 여성
** 검은색은 자신과 성이 같은 사람

않는 의식과 짝을 이루는 것이었다고 할 수 있다. 이렇게 조상의 계보에서도, 자손의 계보에서도 내외의 구별을 중시하지 않는 의식이 강했다고 한다면, 부계 혈연집단으로서의 동족 의식도 강하지 않았다는 점 역시 당연하였다.

『안동 권씨 성화보』나 『문화 유씨 가정보』에 안동 권씨, 문화 유씨 이외의 성이 다른 사람이 많이 등장하는 것은 당시 혈연 의식의 상징이었다.

아울러 초기 족보의 또 다른 특징으로 지적하고 싶은 것은 형제자매의 배열이 남녀 구별 없이 연령순으로 되어 있다는 점이다. 앞에서 살펴본 『성화보』를 예로 들어보면 권수홍의 손자 권윤보의 자식들이 아들, 아들, 딸, 아들의 순으로 기재되어 있다. 다음 시대의 족보에서는 먼저 남자를 연령순으로 기재하고 여자는 남자 뒤에 기재하는 방식이 일반적으로 되는데, 초기 족보에서는 이러한 남자 우선의 기재 순서를 취하지 않았다. 그리고 족보의 기재 순서에서 남자와 여자를 구별하지 않는 방식은 상속제의 남녀균분상속 관행에 대단히 적합한 것이었다.

이상에서 서술한 초기 족보의 편집 방식은 17~18세기가 되면 크게 변한다. 안동 권씨의 족보는 『성화보』 이후 『을사보乙巳譜』(1605), 『갑오보甲午譜』(1654), 『신사보辛巳譜』(1701), 『갑인보甲寅譜』(1794), 『임술보壬戌譜』(1862), 『계유보癸酉譜』(1933) 등 여섯 차례에 걸쳐 편찬되었는데, 이들 족보는 아직 보지 못했다. 그래서 차선책으로 여기서는 1957년에 편찬된 『안동 권씨 야옹공파보安東權氏野翁公派譜』(도쿄대학 동양문화연구소 소장)를 이용해 족보 편찬 방식의 변화를 살펴보겠다. 야옹공은 권벌의 형인 권의를 말하며 『야옹공파보』는 그의 자손들을 대상으로 한 족보이다. 편찬 연대는 오래되지 않았지만 그 체제는 18세기 이후의 족보와 기본적으로 같다.

사진에서 소개한 부분은 앞서 이름이 나온 권윤(174쪽 참조)의 차남인 권수태의 장남 권회權恢와 그 자손들의 계보를 나타낸 것이다. 여기에서 권회의 증손인 권조언權朝彦에게는 권승모權承模라는 아들과 여선팔呂善八에게 시집간 딸이 있다고 기재되어 있으나, '여 여선팔女呂善八'에 관해서는 이 여선팔이 함양 사람으로 수영壽永이란 아들이 있다고만 기재되어 있다. 즉 출가한 딸에 대해서는 사위와 그들 사이

『안동권씨야옹공파보』 권의의 자손을 대상으로 한 족보다.

에서 태어난 아들의 이름만 씌어 있을 뿐이고 그 이후 자손들은 수록 범위에서 제외되었다.

남계의 자손에 대해서는 족보 편찬 시점까지의 계보를 수록한 데 비해 여계의 자손에 대해서는 안동 권씨의 딸이 낳은 아들 대까지만 수록한다는 편찬 방식이 취해졌음을 알 수 있다. 바꾸어 말하면 남계 자손 우선의 편찬 방식으로, 이는 남계와 여계를 구별하지 않은『성화보』와 근본적으로 다른 방식이다.

또 남자와 여자의 기재순도 남자를 앞에 기재하고 여자는 그 뒤에 일괄하여 기재하는 방식으로 되어 있음을 알 수 있다. 이것도『성화보』와 큰 차이점인데, 남계 자손 우선의 사고방식이 잘 나타나 있다.

족보 편찬 방식에 나타난 이상과 같은 변화는 부계 혈연집단으로 동족집단의 결합이 강화되고 있음을 반영하는 것이다. 초기 족보는『성화보』의 예에서 드러나는 것처럼 폐쇄된 집단으로서 안동 권씨의 결속을 나타내는 것이 아니라 거꾸로 혼인관계를 통해 다른 유력 혈연집단과 결합되어 있는 열린 집단으로서 안동 권씨의 위세를 보여주는 것이었다. 그에 비해 후계의 족보는 동족집단으로서 안동 권씨의 결속력을 강화하기 위해 작성된 것으로 이는 동족 결합 강화의 산물이었다.

문중 조직의 형성과 동족 결합의 강화

족보 편찬 방식의 변화로 상징되는 동족 결합을 강화하는 과정에서 중요한 역할을 한 것은 문중 조직의 형성이다. 문중 조직은, 어떤 동족집단 내에서 시조보다 훨씬 아래 세대의 특정 인물을 공통의 조상으로 삼는 자손들로 구성되는 동족집단의 하위 조직이다. 문중 조직이 형성되기 시작한 때는 이르게는 16세기이고, 대부분은 17세기 이후의 일인데, 여기에서도 안동 권씨를 예로 들어 문중 조직의 형성 과정을 살펴본다.

권벌의 종손가에는 네 종류의 문중완의門中完議(문중결의門中決議)라는 제목의 고문서가 남아『영남 고문서 집성 (I)』에 수록되어 있다. 이 중 연대가 불확실한 하나를 제외하고 작성 연도가 가장 오래된 것은 「순치십팔년신축이월십칠일 문중완의順治十八年辛丑二月十七日門中完議」인데, 순치 18년이라면 1661년에 해당한다.

이 완의의 내용은 권벌의 종손인 권목의 대를 잇는 문제를 둘러싼 것이다. 권목의 장남인 권대석權大錫(족보상 이름은 두추斗樞. 55쪽 세계도 참조)은 어릴 적 병을 앓아 폐질 실성廢疾失性한 사람이 되어 정실을 맞아들일 수 없었다. 그래서 서자인 강련康鍊이란 사람의 딸을 첩으로 삼았으나 역시 아이를 가질 수 없었다. 이대로는 장남의 계통이 끊어져 종사를 전할 수가 없게 되자 권목은 마음이 아팠다. 그래서 문중 어른들과 합의해 차남인 권천석權天錫(족보상 이름은 두인斗寅)을 승종인承

宗人으로 내세우기로 하고, 문중 사람들이 모여 조상의 산소에 보고함과 더불어 이를 문서로 작성해 뒤에 다투는 일이 일어나지 않게 한다는 것이 이 완의의 내용이다.

이 완의에 서명한 사람은 권상절權尙節, 권섭權涉, 권양權瀁, 권홍權霐, 권류權瀏, 권주權霔, 권유權濡, 권흡權洽, 권탁權濁, 권패權霈, 권천두權天斗 등 열한 명이며 권영權泳이란 인물이 집필자로서 서명하였다. 이 사람들을 55쪽에 실은 권벌의 세계도와 대조해보면 권류, 권천두 두 사람을 제외하고는 모두 권벌의 직계자손임을 알 수 있다. 그러므로 이 문중의 구성원은 권벌을 공통 조상으로 하는 자손들이었음을 알 수 있다.

이처럼 유곡 권씨의 경우 17세기 중반 들어 처음으로 문중이라는 말이 등장하는데, 앞의 완의에서 문제가 되고 있는 권두추 · 권두인의 대에서 항렬자가, 그때까지 분산의 경향에서 통일의 방향으로 전환한 것에 대해서는 58, 59쪽에서 서술한 바와 같다. 권두인의 대부터 항렬자의 적용 범위가 권벌의 직계자손 전체로 확대되었으며, 그 범위는 문중의 구성원과 일치한다. 그러므로 17세기 중반 이후 유곡 권씨의 동족 결합이 강화되기 시작했다고 볼 수 있다.

그러나 앞의 완의 시점에서는 문중이 항상적인 조직으로 성립하였다고는 생각되지 않는다. 이 완의에서는 문중에서 결의한 내용 자체가 매우 이례적인 사태에 대응하기 위한 것이었으며, 문중의 어른들이 한곳에 모여 합의하는 것도 이례적이었다는 인상이 강하기 때문이다. 서명자들을 보아도 유사有司 등 문중 조직의 임원 직함을 가진 사람이 없었으니, 이 점도 항상적인 문중 조직이 아직 형성되지 않았음을 말해주는 것으로 여겨진다.

권벌의 종손가에 남아 있는 두 번째로 오래된 문중완의는 1784년에 작성한 것이다. 이 완의의 내용은 근년의 사치 풍조를 경계하고 조상 이래의 가르침인 검약을 지키는 것을 확인하는 것으로, 구체적으로는 부인의 머리 올리는 법, 혼례 시 의상, 남자의 일상 복장 등에 대해서 검소하게 해야 함을 결의하였다. 종손인 권응도權應度를 필두로 모두 100명이 서명하였다.

이 완의는 극히 일상적인 생활습관에 관한 결의로, 정기적으로 열리는 문중 조직의 회합에서 나눈 이야기를 토대로 하여 작성되었으리라 추측된다. 앞에서 본 완의의 서명 순서는 연령순에 따른 것으로 생각되나, 이 완의에서는 종손이 첫 서명자로 되어 있는 점으로 보아 문중이 조직으로서 체제를 갖추었음을 알 수 있다. 그러므로 유곡 권씨 집단에서는 17세기 중반 이후 문중이 형성되기 시작해 18세기 후반까지는 문중 조직이 성립된 것으로 보아도 좋을 것이다.

문중 조직 형성의 또 다른 예로 저곡 권씨에 대해 소개한다. 저곡 권씨와 관계된 고문서에는 문중완의가 포함되어 있지 않으나, 많이 남아 있는 토지매매문기를 통해 문중 조직의 형성을 엿볼 수 있다.

저곡 권씨의 자손집에는 전부 37통의 토지매매문기가 남아『경북지방 고문서 집성』에 수록되어 있다. 그중 가장 오래된 문기는 1620년에 만들어졌는데, 최초로 문중 조직의 모습이 나타나기 시작한 문기는 1758년의 것이다. 이 문기는 저곡 권씨의 일원인 권성봉權聖鳳이

門中完議

右完議爲吾家自

祖先以來世尙儉德而近來流俗所染寢不如古或有力勢不及而強爲浮靡殊非美

習玆於

先祖諱辰飮福座中酌定儀文條列如左凡我諸族永世遵行作一家法之地幸甚

一婦人髢髮不必以高華相尙從今以後以小爲主多不過四束事

一娶婦時禮幣不必以錦段爲責從今以往以明紬代用事

一男子服飾亦當以儉約爲主凡係華靡之物切勿近身以體我 祖宗遺懿事

甲辰三月二十六日 宗孫 權應度

門中

권벌 종손가에 전해오는 『문중완의』 정조 8년(1784)에 작성된 것이다.

라는 사람이 문중첨위門中僉位에 대해 작성한 것으로, 첨위는 '여러분'이라는 의미다. 내용은 권성봉의 아버지가 서울 사는 사람한테 빌린 돈을 갚기 위해 문중전門中錢에서 스무 냥을 차용했는데, 그 대가로 조상 전래의 논 2두락의 소유권을 문중에 양도한다는 것이다. 즉 문중전에서 빌린 스무 냥을 갚는 대신 권성봉이 소유한 토지를 문중에 매각하는 형식을 취하여 빌린 돈을 상쇄하고자 하였다.

이 문기에서 언급되는 문중전이란 문중의 사람들이 돈을 내어 기금으로 삼아, 일족의 사람이 급히 돈이 필요한 경우 등에 대부해주기 위한 것을 말한다. 이러한 문중전의 존재는 이 시점에서 이미 문중 조직이 항상적인 것으로 성립하였음을 의미한다.

또 1769년에 작성된 문기에는 다음과 같은 내용이 기재되어 있다. 저곡 권씨에게는 대대로 전해오는 야옹정野翁亭이란 정자가 있었다(야옹은 저곡 권씨의 시조인 권의의 호다). 이 야옹정을 종손이 경제적으로 어려워 매각하고자 했으나, 조상 전래의 귀중한 건물이 다른 일족의 소유가 되는 것은 꺼림칙한 일이므로, 일족의 사람들이 자금을 갹출하여 야옹정과 그 주위의 토지를 일족의 공동 재산으로 한다는 것이다. 저곡 권씨 결합의 상징이라고도 할 야옹정을 일족의 공동 재산으로 한 것인데, 여기서도 문중 조직의 존재를 확인할 수 있다.

이상에서 서술했듯이 유곡 권씨, 저곡 권씨 모두 동족 조직으로서 문중 조직이 형성된 시기는 17세기 후반에서 18세기에 걸치는데, 이는 앞에서 서술한 족보 편찬 방식의 변화가 시작된 때와 궤를 같이한다. 즉 17세기 후반 이후 부계 혈연 조직으로 동족집단의 결합이 강화

야옹정 저곡 권씨의 조상인 권의와 관련이 깊다.

되기 시작하는데, 이것은 재지양반 집단의 경제력이 저하되어 상속 제도가 변하기 시작한 시기와 일치한다. 동족 결합의 강화라는 말로 집약되는 이러한 일련의 움직임은 서로 깊이 관련되어 있었지만, 이 움직임을 근저에서 규정한 것은 재지양반 집단의 경제력 저하였다.

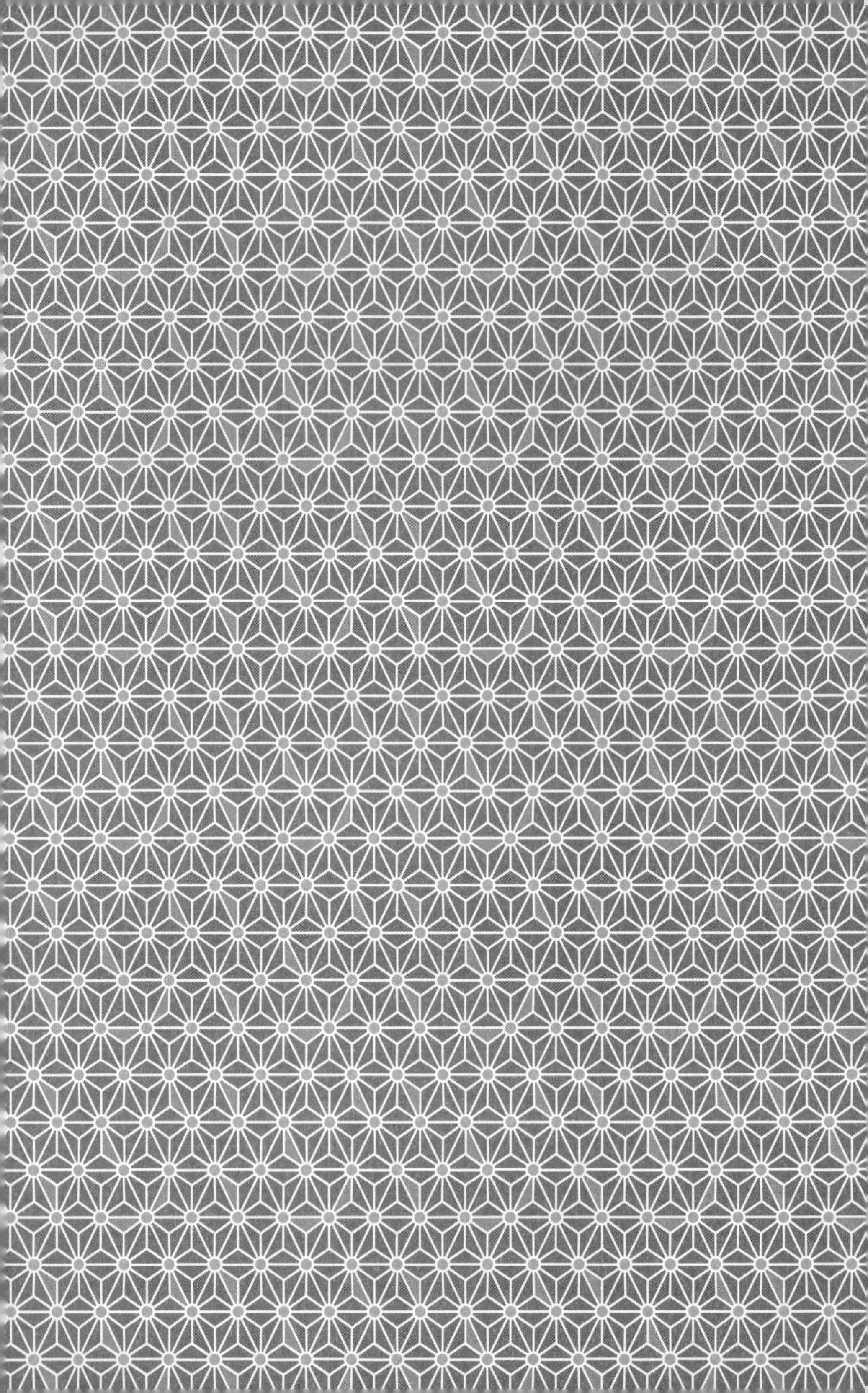

8

양반 지향 사회의 성립

향리층의 양반 지향

17세기 후반 이후 재지양반층은 경제력이 저하되자 폐쇄적인 특권 집단으로서 자신들의 기득권을 지키기 위해 주자학 이데올로기를 전면에 내세워 차츰 보수화의 길을 걷는데, 이와 같은 재지양반 집단에 새롭게 도전하는 세력이 등장하였다. 사회적으로 낮은 지위에서 양반 신분으로 상승하기를 기대하는 세력으로, 그 선두에 섰던 것이 향리층이다.

향리층은 원래 재지양반층이 형성되어온 모체 집단으로 16세기 중엽까지 양자를 구분하기는 상당히 애매했다. 그러나 재지양반층이 계층으로 형성되고 지역의 지배권을 장악해감에 따라 양자 사이에는 엄연한 격차가 생겨 향리층은 재지양반층의 지휘 · 감독을 받는 존재로 전락해버렸다. 따라서 향리층에게는 재지양반이라 해도 원래 공통의 조상에서 나온 존재에 지나지 않는다는 의식이 강했다. 그런 까닭에 차츰 강화되어온 재지양반층과 자신들 사이의 격차에 가장 민감하게 대응할 수밖에 없었다. 그들은 17~19세기를 통해 자신들의 사회적 지위를 상승시켜 양반층과 동등한 대우를 받기 위해 갖가지 활동을 벌였다. 그 양상을 동아대학교 이훈상李勛相 교수의 연구(『조선 후기의 향리』, 일조각, 1990)에 따라 소개하겠다.

18~19세기에는 향리들의 사적을 기록한 서적이 계속해서 편찬된다. 앞서 소개한 『안동향손사적통록』을 비롯한 『연조귀감椽曹龜鑒』, 『상산이적尙山吏蹟』, 『양양기구록襄陽耆舊錄』 등이 그것인데, 이러한 서적들은 모두 향리층이 자신들의 조상을 현창하기 위해 만든 것이다. 그러므로 이러한 서적의 편찬 자체가 향리층의 사회적 지위를 높이기 위한 활동의 일환이었다.

안동의 향리들이 사회적 지위를 상승시키기 위해 가장 먼저 보여준 활동은 1634년 이들이 '삼년상'의 허가를 요구하며 안동부사에게 청원한 사건이다. 조선시대에는 부모가 사망한 경우 아들이 상복을 입는 기간이 신분에 따라 차이가 있었다. 조선의 기본 법전인 『경국대전』에는 양반층은 3년간 상복을 입도록 되어 있지만 향리층은 100일 동안 상복을 입는 것만이 허락되었다.

향리들은 이러한 상복 기간의 차별 대우를 정정하여 3년간 상복을 입도록 인정해달라고 요구하였다. 더욱이 안동의 향리들은 안동 주변 지역인 의성, 예안, 영해 등의 향리에게도 같은 요구를 각 지방 관

『안동도회安東都會』 18세기 말에 작성되었다. 국립중앙도서관 소장

성벽 안쪽이 읍내로, 향리층은 읍내에, 재지양반층은 읍 밖에 거주하였다.

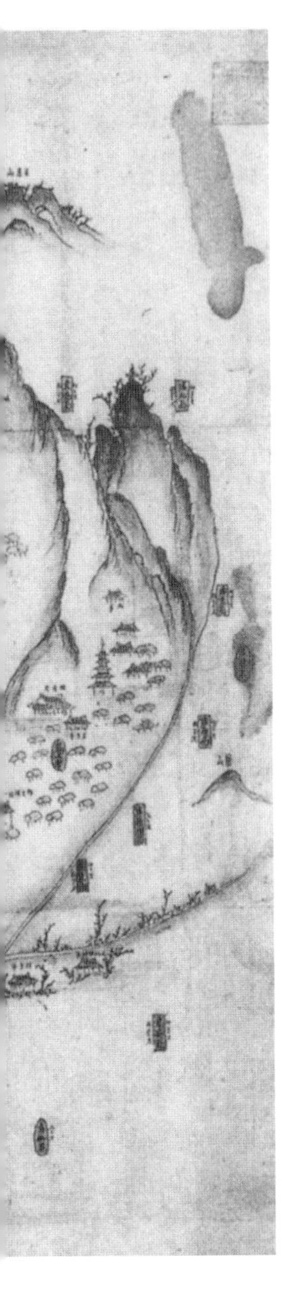

아에 청원하라고 권했다. 이 요구가 받아들여졌는지는 명확하지 않으나 향리층이 양반과 동등한 지위를 요구하면서 일어난 사건으로 주목할 만하다.

18세기에 들어서면서 향리들의 활동은 더욱 활발해졌다. 1729년에는 안동의 향리들에게 '유학幼學'이란 칭호를 사용해도 좋다는 명령이 내려졌다. 유학이라는 칭호는 시대에 따라 의미가 달라졌지만 가장 기본적인 의미는 과거시험을 목표로 학문에 전념하는 사람에 대한 칭호였다. 그러므로 향리에게 유학의 칭호를 허가한 것은 향리 본래의 직무인 지방의 행정 실무에 종사하지 않고 과업科業에 전념해도 좋다고 인정한 것을 의미했다. 이 명령을 내릴 당시 경상도 관찰사 박문수朴文秀는 그 이유를 "안동의 향손은 우리나라 1,000년 동안의 세족世族이며 다른 서인庶人보다 출신이 뛰어나다. 그러므로 '유학'이란 칭호를 허용하는 것이 타당하다"라고 하여, 안동 향리의 특별 지위를 인정하였다.

향리 가문에 태어나서도 과업에 종사하는 사람을 향손 유업자鄕孫儒業者라 했는데, 이러한 향손 유업자에 대한 유학 칭호의 허가는 그들의 수가 차츰 증가하였음을 배경으로 한다. 『안동향손사적통록』이나 『연조귀감』도 향손 유업자가 편찬했는데, 『연조귀감』을 간행한 이명구李明九는 증조부부터 4대에 걸친 향손 유업자 집안 출신이었다.

향손 유업자가 증가하는 과정에서 안동의 향리들은 1773년 향교에서 양반과의 차별 대우 철폐를 요구하였다. 향교란 읍마다 설치된 과거 수험자를 위한 국립 교육기관으로, 그곳의 교생校生들은 동재東齋, 서재西齋라는 두 건물에 기숙하며 주자학을 배웠다. 동재에는 양반 자제만이 입거入居가 허락되었고, 동재 입거자만의 명부로 청금안靑衿案이란 것을 별도로 작성했는데, 향리들은 동재 입거와 청금안 입록入錄을 요구했다. 그들은 자신들의 요구를 실현하기 위해 안동 지역의 대표적 재지양반 일족에게 지지를 호소했는데, 그 대상자에는 권벌의 육대손 두 사람이 포함되어 있었다.

향리층의 요구는 끝내 허락되지 않았지만, 그들이 이런 행동을 하게 된 직접적인 동기는 그해 정부가 양반의 서얼에게도 향안 입록을 허락한다는 결정을 내린 것 때문이었다. 서얼들은 양반 가문에서 태어났지만 정실의 자식이 아니라는 이유만으로 엄격하게 차별받았다. 따라서 그들도 향리와 마찬가지로 출신으로는 양반층과 매우 가까운 관계였고, 자신들의 지위를 양반층과 동등하게 하려고 노력하였다.

향리층의 지위 상승 시도를 잘 나타내주는 또 다른 흥미로운 예는 향리 가문의 족보 입록이다. 족보는 원래 세력 있는 일족이 자신들의 높은 사회적 지위와 혈통의 유래를 과시하기 위해 작성한 것으로, 17세기경까지는 일족의 족보를 가지고 있는 것이 양반임을 보증하기도 하였다. 따라서 양반으로 상승하기를 지향한 향리층이 족보 입록을 시도한 것은 필연적인 움직임이었다.

〈그림 10〉 안동 권씨 세계도

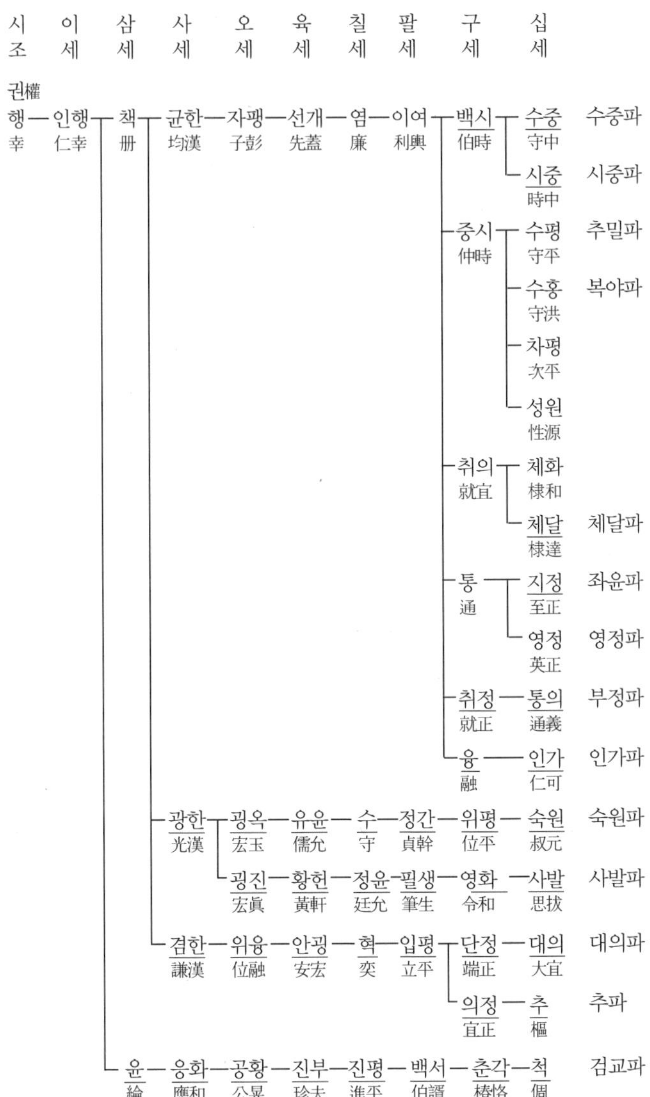

1476년에 작성된『안동 권씨 성화보』와 1957년에 간행된『안동 권씨 야옹공파보』를 비교 · 대조해보면, 전자에는 등장하지 않던 가계가 후자에는 다수 등장하는 흥미로운 사실을 알 수 있다. 안동 권씨의 시조인 권행에서 10세대까지 양자의 기록을 비교한 결과가 〈그림 10〉이다. 그림에서 밑줄을 친 인명은『성화보』에 등장하지 않는 가계다. 이 그림에서 알 수 있는 것처럼 현재 안동 권씨 열네 개 파 중 열한 개 파는 실제『성화보』에는 보이지 않는 인물들의 자손인 것이다.

『야옹공파보』는『성화보』에서 볼 수 없는 가계에 대해, 그들이 언제 작성된 족보에 처음 등장하였는지를 주기註記하였다. 예를 들어 4세의 난에 보이는 권광한權光漢, 권겸한權謙漢 두 사람에 대해『야옹공파보』에는 "을사보시입록乙巳譜始入錄(을사보에 처음으로 입록되다)"이라는 주기가 붙어 있다. 이미 193쪽에서 서술했듯이 안동 권씨 족보는『성화보』이후에도 몇 차례 편찬되었으나 권광한, 권겸한과 그 자손들은『을사보』(1605년 작성)에서 처음으로 족보에 등장한 가계임을 이 주기에서 알 수 있다.

이러한 현상은 언뜻 보아 우리 상식에 반하는 듯하다. 새 족보가 만들어질 때마다 자손이 갈라져 나와 족보 입록자가 증가한다는 것은 매우 자연스러운 현상이다. 그러나 권광한, 권겸한 형제의 등장 방식은 이와 전혀 다르다. 시조에서 헤아려 4대째라는 몹시 오래된 시대의 인물이 갑자기 등장해 그 자손들이 대거 족보에 입록된 것이다.

이러한 현상이 일어난 이유를 연구하려면 족보의 성격을 새롭게 다시 생각해볼 필요가 있다. 족보는 얼핏 보아 한 사람의 선조에서 현재의 자손에 이르기까지 일족의 역사를 계보 형식으로 기록한 것 같지만, 족보를 편찬하는 제일의 목적은 일족의 역사 자체를 말하는 데 있는 것이 아니라 일족의 현재 상황을 말하는 것, 즉 족보 편찬 당시 살아 있는 사람들이 위신, 사회적 지위를 과시하기 위해 자신들의 출신이 얼마나 유서 깊은지, 일족의 사람이 현재 얼마나 높은 사회적 지위에 있는지 나타내는 데 있다. 그러므로 족보는 일족의 역사를 이야기하는 형식을 취하면서도 현재 상태를 말하기 위한 것이다.

권광한, 권겸한 형제 이름이 1605년 작성된 족보에 처음 등장한 것은, 1605년 시점에 세력을 가지고 있던 안동 권씨의 일파가 자기 출신의 정통성을 사회적으로 인지하기 위한 수단으로 아주 먼 조상인 권광한, 권겸한에까지 거슬러 올라가 자신들을 안동 권씨의 집단에 편입하는 일에 성공한 것을 나타내고 있다. 이러한 형식의 족보 입록자의 증가 형태는 자손이 갈라져나옴으로써 입록자가 늘어나는 경우와 방향을 전혀 달리한다. 후자의 경우는 윗세대에서 아랫세대로 하향적인 데 반해 권광한, 권겸한 형제의 족보 등장은 아랫세대에서 윗세대로 상향적으로 작용하여 가능하게 된 것이다.

그러면 이와 같이 새 족보에 등장하는 가계의 정체는 무엇이었을까? 이들이야말로 향리층에서 양반 신분으로 상승한 가계였다고 생각된다. 17~18세기에 안동 권씨에 속하는 향리층 중 특히 세력이 컸던 것은 안동 권씨 열네 개 파 중에서 체달파棣達派, 시중파時中派, 부정파副正派, 대의파大宜派, 추파樞派 다섯 파였다. 그리고 이 다섯 파는 『성화보』에는 등장하지 않았는데, 이것은 결코 우연한 현상은 아니라고 생각된다.

『야옹공파보』에 따르면 체달파는 『갑인보』(1794)에서 처음으로 등장하며 시중파도 똑같다. 대의파, 추파는 앞의 권겸한의 자손 가계로 1605년의 『을사보』에서 처음 등장한다. 또 하나인 부정파는 어떤 족보에서 등장하는지 명확하지 않으나, 이처럼 향리층의 유력 가계가 안동 권씨의 족보에 등장하는 것은 모두 17~18세기의 일이었다. 향리층의 양반 상승 지향이 이러한 향리 가계의 족보 입록을 실현한 가장 큰 원동력이었다고 본다.

이상에서 보아왔듯이 재지양반층과 출신 모체가 같은 향리층은 자신들의 지위를 향상하기 위해 양반 신분에 참여하는 것을 목표로 삼아 여러 활동을 펴왔다. 이러한 움직임은 한편으로는 재지양반층의 지방 지배 체제에 도전하는 것이었으나, 다른 편에서는 재지양반적 사고방식, 생활방식이 향리층에게까지 침투해간 것을 의미한다. 향손 유업자의 증가나 향리 가문의 족보 입록 등은 그 단적인 모습이었다. 그러므로 향리층의 대두가 곧 양반 지배 체제의 동요를 의미했다고 간단히 받아들여서는 안 된다. 지배층의 사고양식, 생활방식이 하위 계층까지 침투함으로써 지배 체제가 오히려 안정된 면도 있었음을 놓쳐서는 안 된다.

재지양반층의 지배 체제에 제일 먼저 도전한 것은 향리층이나 서얼 등 사회적으로 중간층에 속하는 사람들이었으나, 19세기로 접어들면 더 하위 계층 사이에서도 양반 상승 지향이 나타나기 시작한다. 다음에는 이 문제를 살펴본다.

민중의 양반 지향

서울대학교에는 규장각奎章閣이라는 도서관이 있다. 이 규장각은 18세기 후반 조선 22대 왕인 정조가 설립한 왕립도서관을 계승한 것으로, 조선시대 각종 서적이나 문서 사료의 보고寶庫다. 규장각에 소장된 막대한 사료 중에서 연구자에게 그 존재가 폭넓게 알려진 사료의 하나로는 조선시대의 많은 호적대장이 있다. 이 호적대장을 이용한 연구의 선두 주자는 일제강점기 경성제국대학 교수를 지낸 시카타 히로시四方博 씨다. 시카타 씨는 규장각 소장 호적대장 중에서도 특히 잘 정리되어 남아 있던 경상도 대구의 것을 이용해 17~19세기의 신분제 변동 상황을 관찰하였다.

시카타 씨의 연구는 대구 호적대장 중에서 1690년(I), 1729 · 1732년(II), 1783 · 1786 · 1789년(III), 1858년(IV) 네 시기의 것을 선택하여 각 시점에서 양반, 상민(양민良民), 노비의 구성 변화를 구명하였다. 앞에서 서술한 것처럼 호적은 3년에 한 번씩 작성되었으나, II와 III의 연도가 둘 이상인 것은 동일 지역을 비교할 필요가 있어 다른 연도의 호적대장을 이용할 수밖에 없었기 때문이다.

시카타 씨의 연구에 따라 I에서 IV까지 네 시기의 양반호, 상민호, 노비호의 수와 그 비율을 나타내면 〈표 8〉과 같다. 이 표에서 쉽게 알 수 있는 것은, 17세기 말에서 19세기 중반에 걸쳐 양반호가 현저하게 증가하는 점과 이와는 반대로 노비호는 소멸이라고 할 정도로 격감

〈표 8〉 신분별 호수와 비율

	양반호	상민호	노비호	총수
Ⅰ기	290호 (9.2%)	1,694호 (53.7%)	1,172호 (37.1%)	3,156호 (100%)
Ⅱ기	579호 (18.7%)	1,689호 (54.6%)	824호 (26.6%)	3,092호 (100%)
Ⅲ기	1,055호 (37.5%)	1,616호 (57.5%)	140호 (5.0%)	2,811호 (100%)
Ⅳ기	2,099호 (70.3%)	842호 (28.2%)	44호 (1.5%)	2,985호 (100%)

하는 점이다. 양반호에 대해 살펴보면, Ⅰ기에는 전체의 9.2%에 지나지 않았던 것이 Ⅳ기에는 70.3%로 전 호수의 70% 이상이 양반호로 호적에 등장하며, 특히 Ⅲ에서 Ⅳ에 걸친 증가가 현저함을 알 수 있다. 이에 비해 노비호는 Ⅰ기에는 전체의 3분의 1 이상을 차지했지만 Ⅳ기가 되면 전 호수의 1.5%로 거의 무시할 수 있을 정도로 비율이 감소한다. 상민호에 대해 살펴보면, Ⅰ기에서 Ⅲ기까지는 50%대의 숫자를 일관되게 유지하나 Ⅳ기가 되면 비율이 반감하는데, 그 감소분은 양반호로 상승했기 때문이라고 보아도 무난하다.

〈표 8〉은 호적대장에 기재된 호를 단위로 각 호주의 신분별 내역을 나타낸 것인데, 호적에 등장하는 전 인구에 대한 시기별 신분 구성과는 크게 다른 경향이 보인다. 〈표 9〉는 신분별 인구수의 시기적 변천을 나타낸 것으로, 이에 따르면 양반 인구는 역시 현저한 증가 경향이 보이지만 노비는 호수만큼 감소하지 않고 오히려 Ⅲ기에서

〈표 9〉 신분별 인구수와 비율

	양반	상민	노비	총수
Ⅰ기	1,027명 (7.4%)	6,894명 (49.5%)	5,992명 (43.1%)	13,913명 (100%)
Ⅱ기	2,260명 (14.8%)	8,066명 (52.8%)	4,940명 (32.4%)	15,266명 (100%)
Ⅲ기	3,928명 (31.9%)	6,415명 (52.2%)	1,957명 (15.9%)	12,300명 (100%)
Ⅳ기	6,410명 (48.6%)	2,659명 (20.1%)	4,126명 (31.3%)	13,195명 (100%)

Ⅳ기에 걸쳐서는 전 인구에서 차지하는 노비의 비율이 증가하고 있다. 상민은 호수의 변화와 같은 경향, 즉 Ⅰ기에서 Ⅲ기까지는 변동이 없고 Ⅲ기에서 Ⅳ기에 걸쳐서는 격감하는 경향을 볼 수 있다.

시카타 씨의 연구는 대구 지방을 대상으로 하였지만 근래의 연구에 따르면 대구와 같은 현상이 다른 지역에서도 나타났던 것이 확인된다. 모두 경상도의 예지만 울산, 언양, 단성(지금의 산청) 등의 호적대장을 분석한 연구에서도 시카타 씨가 명확히 한 신분제의 변동과 비슷한 결론이 도출되었다. 현재 경상도 이외 지역의 호적대장은 매우 단편적으로 발굴되고 있을 뿐, 시기적인 변화를 알 수 있을 만한 호적자료가 남아 있는지 확인되지 않는다. 그러나 경상도만이 특수한 지역이었다고 생각할 근거는 없고, 다른 도에서도 호적에 나타난 신분제의 변동 상황은 비슷한 경과를 거쳤으리라 추측된다.

그러면 시카타 씨의 연구에 나타난 것과 같은 신분제 변동, 특히 양반 호구의 현저한 증가 현상은 도대체 무엇을 말해주는 것일까? 이 문제를 생각하려면 연구의 토대가 된 호적대장이라는 사료의 성격을 다시 한 번 음미할 필요가 있다. 이렇게 말하는 것은 조선시대의 호적이 각 개인의 신분 파악에 일차적 목적을 두고 작성된 것이 아니기 때문이다. 국가가 3년마다 호적을 작성한 것은 호적에 등록된 각 개인에게 역役을 부과하기 위해서였다. 조선시대 사람들은 신분에 따라 국가에 대해 여러 가지 역을 부담했는데, 이것을 직역職役이라 하였다. 대표적인 직역은 상민 신분의 사람이 부담하던 군역軍役인데, 이것은 실제로 군인이 되거나 군인이 되는 대신 면포 등을 납부하는 것이었다. 그리고 양반은 학문을 닦아 관료가 될 것으로 기대되는 사람들이어서, 직역이 면제되거나 지극히 가벼운 역을 부담했을 뿐이다.

조선시대의 호적에 기록된 것은 각 개인이 부담해야 할 직역명이었지 결코 양반이라든가 상민이라는 신분이 기록된 것은 아니었다. 앞에서 소개한 시카타 씨에서 시작된 호적 연구도 직역명을 실마리로 하여 직역명에서 각 개인의 신분을 추정하는 방법을 취했는데, 호적상 신분 구성의 변동이 곧바로 현실의 신분제 변화를 나타낸다고 받아들일 수는 없다. 구체적으로 말하면 18~19세기에 양반호, 양반 인구의 현저한 증가 현상은 호적대장에서 '유학幼學'이라는 직함(이것도 일종의 직역명이라고 할 수 있다)을 가진 사람이 급증했기 때문에 생긴 것이다. 그러나 유학이라는 호적상 직함을 가진 사람이 모두 신분 계층상 양반이라고 사회적으로 인지되었다고는 결코 말할 수 없다. 18세기가 되어 향리층에 대해 '유학'이라는 호칭을 허락한 것은 이미 서술하였지만, 18세기 이후 향리층 이외에도 호적에 '유학'이라는 직역으로 등록된 사람이 격증하였으리라 생각된다.

이 책의 1장에서 서술했던 것처럼 양반이란 국가의 법제적인 제도로서 성립된 신분이 아니라 어디까지나 사회적인 인지가 필요한 존재였다. 따라서 국가가 작성한 호적대장에 양반적인 직함을 가진 사람이 증가했다 해도 그것은 사회적 신분 계층으로서 양반이 증가했음을 의미하지는 않는다. '유학'의 증가는 양반 계층 이외 사람의 양반 계층을 향한 상승 지향을 단적으로 드러낸 것이고, 양반적 가치관·생활관이 하위 계층에까지 침투하였음을 나타낸 것으로 이해하지 않으면 안 된다.

양반의 가치관이 점차 사회 전체로 침투하고 있었음을 보여주는 또 하나의 예는 족보 편찬의 보급이다. 한국의 국립중앙도서관에 소장된 282개 동족집단의 족보를 조사한 정병완鄭炳浣 씨는 다음과 같이 보고하였다. 즉 최초로 족보를 작성한 연대별로 282집단을 분류하면 15세기가 9개, 이후 16세기가 15개, 17세기가 66개, 18세기가 78개, 19세기가 104개, 20세기가 10개가 된다고 한다. 이처럼 15세기에서 19세기에 걸쳐 연대가 내려옴에 따라 족보 편찬이 성하였던 것을 엿볼 수 있는데, 이런 현상도 양반층의 가치관이 하층으로 침투하였음을 보여주는 것이라 여겨진다.

족보는 원래 양반들이 자신들의 위세를 드러내기 위해 편찬하기 시작한 것이었다. 바꿔 말하면 자기 일족의 족보를 가지고 있다는 것은 양반이라는 증거가 되는 것이다. 이런 의미를 가진 족보 편찬이 재지양반층의 형성이 가장 활발했던 17세기 이전보다 18~19세기에 걸쳐 더욱 성행했다는 것은 양반 계층 이외의 사람들도 족보를 편찬하게 되었음을 의미한다. 호적에 '유학'이라는 직함을 가진 사람이 급증하는 19세기가 족보 편찬 범주의 확대 시기였던 점은 매우 흥미롭다. '유학'이라 칭하고, 족보를 편찬함으로써 양반적인 사회적 지위를 획득하려는 움직임이 일반화되었음을 이 현상은 보여준다.

호적대장상 신분 구성의 변동에서 양반호, 양반 인구의 증가와 함께 주목되는 것은 노비 신분의 동향이다. 호적에 등록된 노비 신분인 사람이 독립된 호로는 격감하지만 인구수로 보면 19세기 중엽에도 전 인구의 30%를 차지했다. 이와 같은 노비호와 노비 인구의 서로 반대되는 동향은 독립한 노비호가 대부분 소멸한 반면, 많은 노비가 다른 호의 호적에 흡수되었음을 말해준다. 요컨대 이전에는 독립한 가家를 구성했던 노비가 19세기가 되면 다른 호에 종속된 노동력으로, 말하자면 '가내적家內的' 존재로 변한 것이다.

이러한 노비층의 동향과 관련해 흥미로운 점은 노비를 소유한 호수의 증가다. 시카타 씨의 연구에 따라 신분별 노비 소유 호수의 시기적 변화를 보면 〈표 10〉과 같다. 여기서 주목되는 것은 양반호가 현저하게 증가하는 Ⅳ기에 양반호의 90%가 노비를 소유하였다는 점이다.

이 시기의 양반호는 앞에서 서술한 바와 같이 하층에서 상승하여 유학의 직함을 가지게 된 사람을 대량으로 포함하였으나 이들도 대다수는 노비를 소유한 호였던 것이다. 양반이라는 계층은 본래 학문을 닦는 것을 업으로 했으므로 육체노동에 종사하는 것은 양반적

〈표 10〉 노비를 소유한 호수와 비율

	양반호			상민호			노비호		
	총호수	노비소유 호수	비율	총호수	노비소유 호수	비율	총호수	노비소유 호수	비율
Ⅰ기	290호	218호	75%	1,694호	198호	12%	1,172호	25호	2%
Ⅱ기	579호	406호	70%	1,689호	241호	14%	824호	87호	11%
Ⅲ기	1,055호	718호	68%	1,616호	107호	7%	140호	2호	1%
Ⅳ기	2,099호	1,880호	90%	842호	189호	22%	44호	0호	0%

생활양식에는 맞지 않았다. 그러므로 양반층으로서는 자기 대신 육체노동에 종사하는 노비의 존재가 불가결했고, 따라서 양반과 노비는 끊으려야 끊을 수 없는 관계였다. 19세기의 호적에 대량 등장하는 유학들 대부분이 노비를 소유했다는 것은 그들의 생활이념도 양반층의 영향을 강하게 받았다는 사실을 나타낸다.

소농층의 성립

18세기 이후 먼저 향리층에서 시작해 더 하층으로 양반적인 가치관, 생활 이념이 차츰 확산되어갔다고 한다면 그것을 가능하게 한 조건은 무엇이었을까? 일반 농민층의 소농 경영의 안정화와 이에 따르는 가家의 영속성永續性 강화야말로 위에서 말한 현상을 실현한 가장 근본적인 요인이었다고 생각한다.

4장에서 서술했듯이 재지양반층의 형성 과정은 그들을 담당자로 한 개발의 시대였으나, 18세기에 들어서면 경지 개발은 기본적으로는 끝났다고 생각된다. 농업의 중심지인 하삼도下三道(충청도, 전라도, 경상도)에서는 1718~1720년에 걸쳐 양전이 이루어졌는데, 이때 파악된 경지가 기본적으로는 조선 말기까지 증감 없이 존속되었다. 경지의 외연적 확대가 한계에 도달하자 농업 생산력의 발전은 단위 면적당 생산량의 증대, 즉 집약화 방향으로 향하게 되었다. 조선에서 이러한 전환이 일어난 시기는 18세기였다.

18세기는 조선의 농업사에서 말하면 그야말로 '농서의 시대'였다. 17세기에 편찬된 『농가집성農家集成』에 이어 18세기에 들어서면 계속 새로운 농서가 만들어지게 된다. 대표적인 것으로 홍만선洪萬選의 『산림경제山林經濟』, 유중임柳重臨의 『증보산림경제增補山林經濟』, 서호수徐浩修의 『해동농서海東農書』, 우하영禹夏永의 『천일록千一錄』 등이 잘 알려져 있다. 『농가집성』은 15세기의 『농사직설』을 기본으로 하여 그것을 증보한 것으로, 18세기에 저술된 이러한 농서들은 『농사직설』에서 큰 영향을 받았으면서도 각각 새로운 기술 체계를 전개한 것이다. 그리고 각 농서에 공통된 특징은 농업에서 토지 생산량을 어떻게 높일 것인가, 즉 집약화를 어떻게 진행할 것이냐였다. 벼를 비롯한 각 작물의 품종 다양화, 꼼꼼한 김매기, 비료의 다양화와 꼼꼼한 시비施肥 등이 모두 집약적인 농업 추진을 목적으로 하였다.

농업이 집약화 방향으로 나아감과 함께 농업 종사자의 존재 방식에도 큰 변화가 일어났다. 16~17세기경까지 재지양반층의 농지 경영에서는 노비를 이용한 직영지 경영이 큰 비중을 차지했지만, 집약화가 진전됨에 따라 이러한 직영지 경영이 차츰 축소된다. 『쇄미록』에서 오희문이 자주 한탄한 것처럼 노비를 사용한 경영은 효율이 아주 나빴다. 따라서 집약화가 진전됨에 따라 노비에게 일정한 토지를 빌려주고 경영을 그들에게 맡긴 뒤 생산물에서 지대를 받는 방식이 경제적으로는 더욱 합리적이었다.

91쪽에서 서술한 바와 같이 권벌의 경우에도 소유지의 절반가량을 대여지로 하여 다른 사람에게 경영을 맡겼으며 그로부터 지대 수입을 얻었던 것으로 추측되나, 18세기 이후 양반들은 소유지 대부분을 소작 부치는 지주 같은 존재로 변하게 된다. 그리고 이 과정에서 직영지의 노동력으로 이용되던 노비들도 영세하지만 자신들이 독립하여 경영하는 소농의 성격을 강화해갔다.

양반들은 지대 수입에 의존하는 지주로서 성격을 강화해감과 더불어 점차 기생적인 존재가 되어갔다. 그리고 실제 농업 경영의 책임은 양반으로부터 토지를 빌린 전호佃戶(소작농)가 지게 된다. 양반에게서 토지를 빌린 전호들은 신분적으로는 상민, 노비를 불문하였고, 경우에 따라서는 가난한 양반층이 전호가 되는 경우도 있었다. 이러한 변화가 진행되는 과정에서 하층 양반, 상민, 노비의 신분을 불문하고 농촌 주민 대부분이 소농으로 점차 균질적 존재가 되어간 것이다. 앞에서 보았던 호적대장상 신분제 변동의 배경에는 이러한 농촌 구조의 큰 변화가 있었다고 생각한다.

자작농, 소작농을 불문하고 농업 경영의 담당자로서 소농층이 광범위하게 형성되는 과정에서 그들 사이에도 영속적인 가家라는 관념이 처음으로 성립된다. 이 점을 최재석 교수의 연구에 따라 살펴보자. 최재석 교수는 한국 가족제도사 연구의 획기적인 명저인 『한국 가족제도 연구韓國家族制度硏究』(1983) 6장에서 현존하는 세 종류의 호적을 이용해 17세기에서 19세기 걸친 가족 구성의 변화를 분석하였다. 최 교수는 1630년의 경상도 산음현山陰縣 호적(685호), 1756년의 전라도 곡성현谷城縣 호적(414호), 1807년의 경상도 월성군 양좌동良佐洞의 호적 초안(254호)을 이용해 신분별로 가족 유형의 변화를 연구하였는데, 거기에는 매우 흥미로운 사실이 나타나 있다.

〈표 11〉은 세 가지 호적에 나오는 양반, 상민, 천민(대부분 노비)의 가족 유형을 각각 정리한 것이다. 표에 나타나는 각 가족 유형은 다음과 같은 기준으로 분류하였다.

부부 가족夫婦家族: 한 쌍의 부부로 구성된 가족. 배우자 한쪽이 사망한 경우도 포함한다(이 점은 직계 가족, 방계 가족의 경우도 같다).

직계 가족直系家族: 친부부親夫婦와 한 쌍 내지는 복수의 아들 부부로 구성된 가족

방계 가족傍系家族: 두 쌍 이상의 형제 부부로 구성된 가족

과도적 가족過渡的家族: 미혼의 형제자매로 구성된 가족

일인 가족一人家族: 미혼자 한 사람만의 가족

〈표 11〉 신분별 가족 유형(단위, %)

	1630년				1756년			1807년			
	양반	상민	천민	계	양반	상민	계	양반	상민	천민	계
부부 가족	75.9	62.8	61.4	65.4	57.8	76.3	67.1	45.2	96.8	100	58.7
직계 가족	8.7	6.9	4.2	6.8	23.3	6.5	14.8	40.4	1.6	0	30.3
방계 가족	0	2.0	0.8	1.4	5.6	1.1	3.3	9.6	0	0	7.1
과도적 가족	0	1.0	0.8	0.8	2.2	0	1.1	0	0	0	0
일인 가족	15.4	27.3	32.8	25.6	11.1	16.1	13.7	4.8	1.6	0	3.9

이 유형은 호적상에 하나의 호로 등록된 사람들 사이에 어떤 부부 관계가 포함되어 있는가에 따라 분류한 것이다.

〈표 11〉에서 먼저 주목되는 것은 일인 가족이다. 일인 가족은 시대가 내려옴에 따라 비율이 낮아졌는데, 1603년의 산음현 호적에서는 일인 가족이 차지하는 비율이 신분마다 현저히 다르다. 상민은 전체 호수의 27.3%, 천민은 32.8%가 일인 가족이었다. 이것은 신분이 낮아 결혼할 수 없는 사람이 많이 있었다는 사실을 보여준다. 1756년의 곡성현 호적에서도 상민의 일인 가족 비율이 양반보다 높은데, 1807년의 양좌동 호적에서는 반대로 양반 쪽 일인 가족이 차지하는 비율이 높다.

이처럼 일인 가족이 차지하는 비율이 점차 낮아지고 동시에 신분별 일인 가족의 구성비 차이가 해소되는 현상은 상민, 천민 사이에서도 결혼이 일반화되고 있었음을 보여주는 것이다.

〈표 11〉에서 또 하나 주목되는 것은 직계 가족, 즉 3세대가 동거하는 가족의 비율이 차츰 증가하는 점이다. 1630년에 전체의 6.8%를 차지하는 데 불과했던 직계 가족은 1807년에는 30.3%를 차지하게 된다. 직계 가족도 신분마다 차이가 보이는데 1807년 양좌동 호적의 양반 중에는 하층에서 상승한 사람이 대량 포함되어 있는 것으로 생각된다(덧붙여 말하면 1807년 호적에는 양반호가 188호, 상민호가 62호, 천민호가 4호다). 원래의 상민호, 천민호에서도 직계 가족이 차지하는 비율이 상승한 것으로 추측해도 무방하다.

이상 최재석 교수가 밝혀낸 가족 유형의 시기별, 신분별 변동에서 얻은 결론은 18~19세기로 시대가 내려감에 따라 상민, 천민층에서도 결혼이 일반화되었고 더불어 부모, 자식, 손자 3세대가 동거하는 호가 차츰 증가해갔다는 사실이다. 그리고 상민호, 천민호에서 이와 같은 변화가 진행되는 과정에서 신분별 가족 유형 차이도 차츰 해소되어갔다고 생각할 수 있다.

상민호나 노비를 중심으로 하는 천민호에서 가족 구성의 변화가 가능했던 것은 그들이 소농으로 성장하였기 때문이다. 즉 경제적으로 몹시 불안정한 상태에 놓여 있던 그들이 소농으로서 차츰 경영의 안정성을 높여감에 따라 가家의 연속성도 현실적인 것이 되었다. 그리고 가의 연속성, 영속성이 일반 농민 사이에서도 현실의 일이 됨으로써, 그들 사이에서도 처음으로 조상 관념이나 공통의 조상을 가진 사람들끼리의 동족 의식이 형성되게 된다.

18세기 이후 진행된 양반적 가치관이나 생활이념의 사회 전체 침투는 이상에서 서술한 바처럼 소농층의 성장과 그들 사이의 가家 관념 · 조상 관념의 일반화, 가족 구성에서 양반과의 동질성 획득과 같은 일련의 사태와 궤를 같이하여 일어났다.

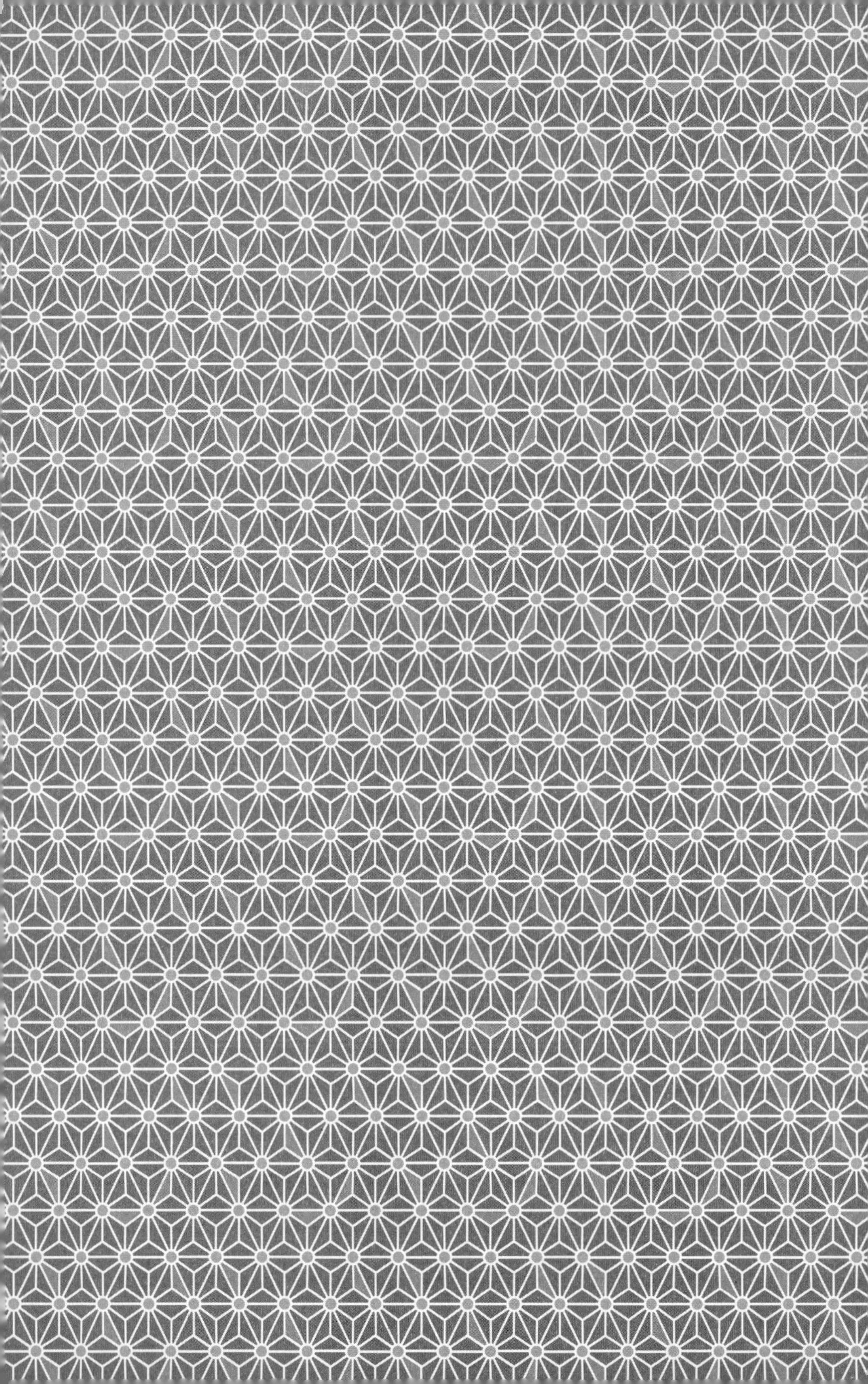

결론

전통과 근대

서론에서 소개한 바와 같은 유교적 생활습관이란 이상에서 서술해 온 과정을 거쳐서 성립되었다. 즉 16세기를 중심으로 한 재지양반 계층의 광범위한 형성을 1단계로 하고 18~19세기의 양반적 가치관, 생활이념의 하층 침투와 양반 지향 사회의 성립을 2단계로 하여 사회 구석구석까지 유교적 생활관습이 정착하게 되었다. 유교사회라고 일괄하여 불린 적이 있는 동아시아 중에서도 특히 한국에서 유교가 발생지인 중국 이상으로 깊숙이 침투하여 오늘날까지도 큰 영향력을 행사하는 것은 이상과 같은 역사의 산물이었다. 그것은 중국을 존숭尊崇하는 민족성으로 이룰 수 있는 것은 결코 아니었다. 특히 재지양반층이 농촌 지역에 널리 분포한 것은 사회 전체에 유교 이념을 침투하는 과정에 결정적 영향을 미쳤다.

그런데 오늘날 한국과 북한의 사람들이나 외국인이 한국의 전통문화, 전통적인 생활양식이라고 생각하는 것은 대부분 이 책에서 밝힌 바처럼 15~16세기 이후 처음으로 형성되어온 것이었다. 그리고 이른바 전통적인 것이 사회 전체에 보급된 것은 18세기 이후의 일이며, 그것은 한국인의 긴 역사에서 본다면 그렇게 오래지 않은 산물이다. 전통이라 하면 때때로 오랜 옛날부터 변하지 않고 존재해온 것으로 생각하기 쉽지만 그것은 대부분 잘못된 것이라 일본의 전통으로 생각되는 것, 특히 생활 문화에 밀착된 대부분이 에도江戶시대 이후 형성 · 보급된 것이라는 점도 같은 맥락이다.

전통이 오랜 시대부터 존속해왔다고 생각하는 것이 틀렸다면 전통과 근대를 대립해 생각하는 것도 잘못이다. 이렇게 말하는 것은 전통이란 근대가 시작되기 전 2세기 정도 사이에 생긴 새로운 것이기 때문이며, 근대가 시작된 19세기는 전통이 전 사회적 규모로 정착된 시대였기 때문이다. 그러므로 한국에서도 전통적인 것은 19세기 후반 이후인 근대에 들어와 소멸되는 것이 아니라 오히려 더욱 강화되는 면도 보인다. 이러한 전통과 근대의 관계를 마지막으로 서술함으로써 이 책의 결론으로 삼고자 한다.

그러면 먼저 근대로 들어선 이후 재지양반층의 동향을 살펴보겠는데, 여기서도 이 책의 주인공이라 할 수 있는 유곡 권씨부터 보기로 한다. 근대에 들어와 유곡 권씨 중 저명한 인물로는 권명섭權命燮(호는 춘번春樊, 1885~1949)과 권상익權相翊(호는 성재省齋, 1868~1934) 두 사람을 들 수 있다. 권명섭은 권벌의 13대째 종손으로 바로 윗세대인 권상익한테서 학문을 배웠다. 1910년 일본이 한국을 '병합'하여 식민지로 만들자 그는 두문불출, 즉 일체의 사회 활동을 포기하고 학문에 전념하였는데, 1919년 3 · 1운동이 일어나자 이른바 '파리 장서 사건長書事件'에 참여하였다. 파리 장서 사건이란 베르사유회의에 한국의 독립을 청원하고자 137명의 유학자 대표가 청원서를 보내려고 한 사건인데, 권상익이 중심인물의 한 사람이었다. 권명섭도 권상익의 영향으로 이 장서에 서명한 것이라 생각된다.

권상익은 권벌의 12대 손으로 주자학에 조예가 깊었고 서른 권으로 된 문집 『성재집』을 남겼으며, 학문뿐만 아니라 정치적 활동에도 적극적으로 참여하였다. 1895년 내각이 단발령을 내리고, 게다가 왕비인 명성왕후가 일본인의 손에 시해되자 전국 각지에서 반일 의병운동이 일어났는데, 안동에서도 권벌의 후손인 권세연權世淵(1836~1899)을 창의대장倡義大將으로 하여 의병이 조직되었다. 권상익도 이 의병 부대의 간부로 참가했으며, 더불어 삼계서원에서 유회儒會를 열고 일본의 죄를 규탄하는 격문檄文을 작성하여 전국에 보냈다. 또 1919년 3 · 1운동이 일어나자 앞에서 서술한 것처럼 파리 장서의 작성에 참가하여 곽종석郭鍾錫, 김창숙金昌淑 등과 함께 중심적인 활동을 담당하였다.

이와 같이 권벌의 후손들 중에는 근대에 들어와서도 여러 가지 정치 활동에서 중요한 역할을 한 사람들이 나왔는데, 이것은 이 시기에도 안동 지방에서 유곡 권씨가 상당한 영향력을 가지고 있었음을 말해준다. 그리고 이것은 단적으로 유곡 권씨에만 한정된 것은 아니며 다른 유력한 재지양반층에도 적지 않게 공통적인 현상이었다. 더욱이 1920년대가 되면 한국에도 사회주의 사상이 본격적으로 유입되는데 이 사회주의 사상의 수용에 선구적인 역할을 한 지식인들도 대부분이 재지양반층 출신이었다.

근대 이후 재지양반층의 영향력은 정치적인 면만이 아니라 사회적인 면에서도 컸던 것으로 보인다. 6장에서 소개한 것처럼 젠쇼 에이스케의 1930년 현재 집락조사에서도 전체 집락의 많은 부분을 동족집락이 차지하였는데, 동족집락을 구성하는 동족집단의 대다수는 재지양반층에 속하였다. 동족집락은 일제강점기를 통해서도 강고히 존속했고, 한국에서 그것이 기본적으로 해체되기 시작한 것은 고도 경제성장과 도시화가 본격화되는 1960년대 이후의 일이었다.

재지양반층의 동족 결합은 그들의 성장이 정체 국면에 들어선 18세기 이후 본격화했는데, 근대가 된 후 일본의 식민지 지배는 재지양반층의 동족 결합을 오히려 강화하는 역할을 한 듯하다. 이를 나타내는 단적인 예로 식민지화 초기에 실시된 '토지조사사업'(1910~1918) 때 작성된 토지대장에서 많이 볼 수 있는 '종중재산宗中財産', '문중재산門中財産'을 들 수 있다.

나는 '토지조사사업'을 오랫동안 연구 주제로 삼아왔는데, 1991년 한국 체재 중 충청남도 논산군 연산면 송산리松山里라는 곳의 토지대장을 조사한 적이 있다. 이 지역을 조사 대상으로 삼은 것은 식민지가 되기 직전인 1898년에서 1903년에 걸친 양전의 결과 작성된 연산면의 양안이 현존해 이 양안과 토지대장을 비교함으로써 식민지화를 전후한 토지 소유 관계의 변화가 밝혀질 것이라 생각했기 때문이다.

이 조사를 통해 명확해진 것 중 하나는 양안에는 개인 이름으로 등록되어 있던 토지가 토지대장에는 동족집단의 종중재산(종중은 문중과 같은 의미다)으로 등록되어 있는 것을 볼 수 있었다는 점이다. 송산리에는 명성황후 시해사건으로 이름이 알려진 명성황후의 일족인 여흥 민씨驪興閔氏가 많이 거주하였는데, 토지대장상에는 이 여흥 민씨의 종중재산인 토지가 많이 등장한다. 더욱이 토지대장보다 십 몇 년 전에 작성된 양안에는 종중 명의의 토지는 등장하지 않고, 모두 민씨 중 어느 개인 이름으로 소유자가 등록되어 있었다.

이러한 현상은 '토지조사사업'에 따라 근대적인 토지 소유권이 확정될 때 개인 재산과 종중재산의 구별이 더 명확해졌음을 말해준다. 동족 결합의 요점인 문중 조직을 유지 · 운영하려면 재정적 기반이 필요 불가결했는데, '토지조사사업'의 실시에 따라 법적으로도 문중재산을 한층 더 명확하게 해두려는 노력이 이루어졌다. 이 예는 근대라는 시대가 전통적인 것을 해소해나간 것이 아니라 오히려 더 명확하게 의식화하고 강화한 측면이 있음을 단적으로 드러낸다.

18세기 이후 재지양반층의 지방 사회에 대한 지배력이 차츰 저하되기 시작한 것은 이미 서술한 바와 같으나, 한편으로 그들의 지배력은 근대에 들어와서도 여전히 뿌리 깊게 남아 있었다. 그리고 그것을 가능하게 한 것이야말로 18세기 이후 시작되는 사회 전체의 양반 지향화, 즉 양반적 가치관, 생활 이념의 하층 침투였다. 양반층의 지방 지배에 도전하려고 새로이 성장해온 계층도 그 목적은 양반을 부정하는 것이 아니라 자신이 양반으로 성장하는 것이었다. 이러한 동향은 19세기에 들어와 본격화되었는데 근대라는 시대도 기본적으로 그 연장선상에 있었다. 오히려 사회의 유동화가 격렬해지는 근대에 들어와 사회 전체의 양반 지향이 한층 더 가속화되었다고 생각된다.

오늘날 한국인으로서 자기가 속한 일족의 족보가 존재하지 않는 사람은 거의 없다. 다시 말하자면 오늘날 한국인은 대부분 족보를 가지는 동족집단의 일원인데, 이것이야말로 양반 지향 사회 성립의 단적인 지표다. 217쪽에서 한국 국립중앙도서관 소장의 족보에 관한 조사 결과를 소개했다. 거기에서는 19세기에 족보를 처음 편찬하게 된 집단이 가장 많았으나, 한국인 전체로 보면 오히려 근대 이후 처음으로 족보를 가지게 된 사람이 많았다고 생각된다. 이와 같은 의미에서도 근대는 전통이 더 깊게 사회 전체에 침투해가는 과정이었다고 할 수 있다.

이상 이 책에서 서술해온 한국의 전통적인 것이 오늘날 크게 변용을 겪게 되었음은 명확하다. 자본주의 경제의 고도화와 도시화가 급속히 진전되는 한국에서는 특히 그러하다. 현재 전통적인 것은 점차 큰 기로에 서게 되었다고도 할 수 있다. 한국이나 북한 사람들이 21세기를 향한 새로운 사회를 건설해나가는 데 어떠한 새로운 전통을 만들어갈지 똑같은 과제를 안고 있는 일본인도 주목해야 한다고 생각한다.

저자_후기_

내가 한국어나 한국 역사를 공부하기 시작한 학생이었을 무렵에는 한국어 사전이라면 텐리대학天理大學 조선어과에서 펴낸 『조선어사전』이 있을 뿐이었다. 교토대학京都大學에서는 문학부 공통 과목으로 한국어 초 · 중급 수업이 개설되어 있었지만 한국사 수업은 개설되어 있지 않아 혼자서 손으로 더듬듯이 공부를 시작하지 않으면 안 되었다. 1970년 전후의 한국과 북한은 정말로 먼 나라였다.

지금은 상황이 크게 바뀌었다. 서점에 가면 한국 · 북한 관계 서적이 코너 하나를 차지하고 있고 많은 대학에 한국어 수업이 개설되었다. 텔레비전 등 매스컴에서 한국이 소개되는 기회도 늘고, 최근에는 '한국 때밀이 여행'이라는 것까지 인기를 얻고 있다 한다. 일본인의 한국이나 북한에 관한 정보량은 내 학생 시절과 비교하면 비약적으로 증가하고 있다고 해도 좋다.

이러한 상황은 대단히 기쁘지만 한국의 역사, 특히 고려시대(936~1392)나 조선시대(1392~1910)의 역사에 대한 정보량은 여전히 몹시 제한되어 있는 것이 현실이다. 예를 들면 현재의 한국 지폐에는 조선시대의 세 인물로 만 원권에 세종대왕, 오천 원권에 율곡 이이, 천 원권에 퇴계 이황의 초상화가 그려져 있는데, 이들은 일본에서 어느 정도 알려져 있을까?

중앙공론사中央公論社의 이토히가와 아키라絲魚川昭 씨에게서 새 책의 집필을 의뢰받았을 때 먼저 내 머리에 떠오른 것은 이러한 일본의 한국 관련 정보의 편향성이었다. 이토히가와 씨의 의뢰는 주자학을 중심으로 한 조선시대 통사를 써달라는 것이었는데, 마침 옛 양반가에 소장된 고문서 유의 연구를 진행하던 나로서는 양반에 초점을 맞추어 조선 사회의 개성적인 변동을 더듬어보고 싶은 욕구가 강했다. 이 책에서 서술한 것처럼 양반, 특히 농촌 지역에 널리 분포했던 재지양반층의 존재는 조선시대의 사회를 이해하는 데 대단히 중요한 문제이고 동시에 오늘날의 한국이나 북한을 이해하기 위한 하나의 키워드라고 생각한다.

이러한 의도로 이 책이 집필되었는데, 집필을 마친 지금 여러 가지 반성할 점만이 눈에 띈다. 문장이 전체적으로 지나치게 생경한 기분이 들고, 지나치게 농촌 지역에만 중점을 둔 것은 아닌가. 18~19세기 상황을 좀더 상세하게 서술하는 편이 좋지 않았을까 등. 그러나 솔직히 말해 반성할 점을 개선하는 일은 현재 내 역량을 넘어서는 것으로 독자 여러분의 비판을 양식으로 삼아 더욱더 연구를 진행하고자 한다.

이 책을 집필하는 데는 많은 분의 도움을 받았다. 이 책에서도 이름을 소개한 김홍식 형을 비롯하여 조사 여행에 몇 차례나 동행한 서울대 안병직 교수, 성균관대 이영훈 교수의 교시가 없었다면 이 책은 도무지 나올 수 없었을 것이다. 또 전문서가 아닌 이 책의 성격상 선학先

學, 동학同學 여러분의 연구 성과에 대한 언급은 최소한에 그치지 않을 수 없었는데, 이 책이 한국이나 일본 연구자의 학은學恩을 많이 입고 있는 점은 말할 필요도 없다.

이 책의 토대가 된 것은 1993년 후기 도쿄대학 경제학부 수업과 1994년 규슈대학九州大學 문학부 집중 강의 때의 강의 노트다. 수업에 참가했던 학생들의 질문과 반응은 내 생각이 미치지 못한 점을 아는 데 대단히 유익하였다. 또 외우畏友 장지은張志銀 씨는 전문가가 아닌 처지에서, 나에게 한국인의 역사에 대한 감각을 많이 가르쳐주었다. 오랜 기간에 걸쳐 한국 체재를 비롯해 자유로운 연구 환경을 베풀어 준 도쿄대학 동양문화연구소 동료들에게도 새삼스럽게 감사드리고 싶다.

이토히가와 씨로부터 이 책의 집필 이야기가 있었던 것은 1년 반에 걸친 한국 체재를 마치고 귀국한 1992년 가을의 일이었다고 기억한다. 나의 태만으로 이 책의 간행이 크게 늦어졌는데 그 사이 이토히가와 씨는 느긋한 태도로 이 책의 완성을 지켜봐주었으며 아울러 때로는 무지한 독자로 가장하여 매우 기초적인 질문을 해와 좁은 전문가의 세계에 안주하곤 하던 나의 몽매함을 깨우쳐주었다. 깊이 감사할 따름이다.

1995년 5월

저자

참고문헌

참고자료

『국조 인물고國朝人物考』 3책, 서울대학교 출판부, 1978년 영인본.

『만성 대동보萬姓大同譜』 3책, 만성대동보발행소, 1931년.

『세종실록지리지世宗實錄地理志』.

『안동 권씨 성화보安東權氏成化譜』, 서울대학교 규장각 소장.

『안동 권씨 야옹공파보安東權氏野翁公派譜』 5책, 1957년.

『여지도서輿地圖書』 하, 국사편찬위원회, 1973년 영인본.

『의성 김씨 세보義誠金氏世譜』 2책, 1960년.

『충청남도 논산군 연산면連山面 송산리松山里 토지대장土地臺帳』, 논산 시청 소장.

『퇴계전서退溪全書』 하, 성균관대학교 대동문화연구원, 1958년 영인본.

경상북도 교육위원회 편, 『경상북도 지명유래총람慶尙北道地名由來總覽』, 1984년.

권기 외 편, 『영가지永嘉誌』, 서울대학교 규장각 소장.

권벌, 『충재 선생 문집沖齋先生文集』 5책.

권석영 편 · 발행, 『대유문헌大酉文獻』, 1986년.

김정호, 『대동여지도大東輿地圖』, 경성제국대학 법문학부, 1936년 영인본.

민족문화연구소 편, 『영남 고문서 집성嶺南古文書集成』 I · II, 영남대학교 출판부, 1992년.

민족문화연구소 편, 『영남 문집해제嶺南文集解題』, 영남대학교 출판부, 1988년.

민족문화연구소 편, 『조선후기 향리관계자료 집성朝鮮後期鄕吏關係資料集成』, 영남대학교 출판부, 1990년.

송지향,『안동 향토지安東鄕土誌』 하, 대성문화사, 1983년.

오세창 · 정진영 · 권대웅 · 조강희 편,『영남 향약자료 집성嶺南鄕約資料集成』, 영남대학교 출판부, 1986년.

오희문,『쇄미록瑣尾錄』 상 · 하, 국사편찬위원회, 1971년 활자본.

유희춘,『미암일기眉岩日記』 5책, 조선총독부, 1936~1938년 활자본.

이수건 편,『경북지방 고문서 집성慶北地方古文書集成』, 영남대학교 출판부, 1981년.

이진흥,『연조귀감掾曹龜鑑』, 서강대학교 인문과학연구소, 1982년 영인본.

젠쇼 에이스케,『조선의 취락朝鮮の聚落』 후편, 조선총독부, 1935년.

조선총독부 중추원 편,『조선인명사서朝鮮人名辭書』, 1937년.

한국근세사회경제사사료총서 ,『농서農書』 1~13, 아세아문화사, 1981년.

한국정신문화연구원 편,『고문서 집성古文書集成 3, 해남 윤씨편海南尹氏編』 2책, 1986년.

한글학회 편,『한국 땅이름 큰사전』 3책, 1991년.

참고연구서

김용섭,『증보판 조선후기농업경제사연구朝鮮後期農業經濟史研究』2, 일조각, 1990년.

민성기,『조선농업사연구朝鮮農業史研究』, 일조각, 1988년.

송준호,『조선사회사연구朝鮮社會史研究』, 일조각, 1987년.

시카타 히로시,『조선사회경제사연구朝鮮社會經濟史研究』 중 · 하, 도서간행회, 1976년.

이성무,『조선초기양반연구朝鮮初期兩班研究』, 일조각, 1980년.

이수건,『영남사림파嶺南士林派의 형성形成』, 영남대학교 민족문화연구소,

1979년.

이수건, 『한국중세사회사연구韓國中世社會史研究』, 일조각, 1984년.

이준구, 『조선후기신분직역변동연구朝鮮後期身分職役變動研究』, 일조각, 1993년.

이태진, 『조선유교사회사론朝鮮儒教社會史論』, 지식산업사, 1989년.

이훈상, 『조선후기朝鮮後期의 향리鄉吏』, 일조각, 1990년.

전형택, 『조선후기노비신분연구朝鮮後期奴婢身分研究』, 일지사, 1983년.

이 책은 성균관대학교 동아시아학술원 미야지마 히로시宮島博史 교수가 일본 도쿄대학교 동양문화연구소 교수로 있을 당시 쓴 『兩班-李朝社會の特權階層(中央公論社, 中公新書 1258번, 1995년)을 번역한 것이다(한국어판에서는 부제를 '역사적 실체를 찾아서'로 하였다). 저자인 미야지마 교수는 개항 이후까지의 조선시대 농업사 및 인구, 신분제 연구에서 일본인으로서는 거의 독보적인 위치를 차지하고 있는 연구자라고 할 수 있다. 전후 세대인 그는 교토대학 문학부 동양사학과를 졸업하고 줄곧 조선시대 농서農書를 주제로 하여 조선시대 농업사에 관한 여러 연구를 발표해왔는데, 1960년대 이전 정체론의 시각에서 한국사를 연구했던 식민 사학자들과는 다르다는 점에서 주목을 받아왔다.

그는 1980년대에 들어와서는 소유론에 대한 나카무라中村 교수의 영향을 받아 자신의 실증적 연구를 바탕으로 그동안의 내재적 발전론을 비판하고 전근대 한국사의 발전 과정을 새로이 이해하려고 시도하였다. 이러한 그의 연구는 1991년 도쿄대학교에서 출간된 『조선 토지조사사업사 연구』라는 저서에서 구체적으로 체계화되어 국내 학계에 많은 논란을 불러일으키기도 하였다. 특히 저자는 2002년부터 성균관대학교 동아시아학술원 교수로 자리를 옮겨 동아시아 전체의 시각에서 한국사를 점검하고 족보族譜 등을 통해 이를 검증하는 등 정력적이고 신선한 연구를 선보여 한국 연구자에게 많은 자극을 주기도 하였다.

그동안 조선시대 '양반'이라고 하면 흔히 18세기 후반 김홍도나 신윤복의 풍속화나 조선 후기 여러 소설에 나타난 양반 상像을 떠올리는 것이 보통이었다. 많은 토지를 소유하고 그 토지를 노비나 소작인을 시켜 경작하게 하고, 여기서 나온 수입으로 유학에 전념하는 모습만을 생각하게 된다. 아마도 부정적인 인상으로 더 많이 남아 있는 것 같다. 그러나 이는 객관적인 역사 이해는 아니다. 어떠한 사회든지 그 사회를 주도적으로 이끈 계층은 새로운 지표 이념으로 무장하고 그 이전 사회를 일신해 새로운 사회를 열어왔다. 대표적인 것으로 잉글랜드의 신사층紳士層, Gentry, 일본의 무사武士 계층을 들 수 있다.

우리 역사에서도 마찬가지였다. 신라의 고대적인 질서를 청산하고 중세적 질서를 건설한 고려 호족과 그 후신인 귀족층, 조선을 건국하고 근세의 주자학적 질서를 창출한 양반 계층 등이 바로 새로운 사회를 이끌어나간 주역이었다. 그러나 조선시대의 양반은 그동안 정당한 평가를 제대로 받지 못하였다. 오히려 조선 말기의 퇴영적 모습만 부각되어 조선을 망국으로 이끈 당사자로 비난받아왔을 뿐이었다. 양반 계층의 역사적 실체에 대한 정확한 조망이 필요한 것은 이 때문이다.

조선시대 양반 계층의 다양한 면모에 대해서는 그동안 국내의 많은 연구자가 연구를 진행해 상당한 성과가 축적되었다. 그러나 조선 양반의 면모에 대해 쉽게 잘 정리된 성과는 아직까지 나오고 있지 않다.

저자는 양반의 여러 가지 측면, 즉 양반의 정의, 형성 과정, 경제적인 기반, 일상생활 등에 대해서 안동의 유력 재지양반으로 유곡 권씨 일족인 권벌 가문을 중심으로 이야기를 풀어가고 있다. 저자의 농업사 관련 성과와 역사 인식을 바탕으로 국내의 양반 관련 연구 성과를 대폭 수용하여 양반의 역사적 실체를 쉽게 정리해놓았다. 따라서 양반을 중심으로 서술된 조선시대 통사의 성격도 아울러 가지고 있다. 특히 이 책에서는 기존치 통사류와 달리 그동안 국내 학계에서 지속적으로 발굴되고 소개된 여러 자료를 다양하게 이용하여 양반의 구체적 실상에 접근한 점이 주목된다. 양반가의 일기, 상속문서, 족보, 문집 등을 이용한 설명은 상당히 참신한 것이라고 할 수 있다. 조선시대에 대한 정보가 거의 없는 일본의 일반 독자를 대상으로 하였으므로, 문체는 평이하고 어려운 역사 용어도 본문에서 풀었다. 따라서 조선시대에 대한 상식이 적은 우리 독자도 이 책을 통해 쉽게 양반의 실상에 접근할 수 있을 것이다.

그러나 몇 가지 아쉬운 점도 있다. 먼저 양반 계층의 형성에 대해 구체적으로 이들이 어느 시기에 지배계층으로 형성되었는가가 명확하지 않다. 특히 이들이 형성되고 지배세력으로 등장한 것으로 여겨지는 고려 말 조선 초기에 대한 언급이 소략하다. 구사하는 자료의 한계에서 기인한 것이겠지만 양반층 형성에서 중요한 시기인 조선 초기 양반의 동향에 대해 구체적인 설명이 적고 16세기 이후 양반 모습을 중심으로 서술되어 아쉽다. 또한 저자는 양반을 사회 관습을 통해 형성된 상대적 · 주관적 계층으로 파악하면서 다른 한편으로는 지극히 명확한 기준에 따라 획정된 계층으로 이해하였다. 그러나 이는 상이한 측면을 모호하게 다룬 느낌이 있다. 그동안 국내 역사학계에서는 이 문제를 두고 10여 년간 치열하게 논쟁했고 상당한 성과가 축적되었다. 이런 성과가 제대로 반영되지 못한 것은 또 다른 아쉬움이다.

다음으로 분재기分財記를 해석하는 문제이다. 저자는 분재기를 전답의 위치와 면적만 밝힌 경우를 A방식, 전답의 위치 면적과 함께 인명 혹은 토지의 성격을 밝힌 경우를 B방식이라고 분류하였다. 그리고 전자는 양반의 직영지로, 후자는 대부분 대여지로 이해하였다. 그러나 최근의 연구에 따르면 A방식을 모두 직영지로 이해하는 것은 곤란하며, B방식 가운데도 병작지幷作地가 아닌 여러 성격의 토지가 섞여 있음이 밝혀지고 있다.

마지막으로 조선시대사 이해와 관련된 문제로 저자는, 조선 전기에는 소농층이 불안정하여 노비를 이용한 직영지 경영이 큰 비중을 차지하였으나 17세기 이후 이앙법 채택 등으로 집약농법이 가능해져 소농 경영이 안정되어 소농층이 광범위하게 형성되고 이에 따라 지주제가 확립된 것으로 파악하였다. 그러나 조선시대 소농 경영과 지주제 문제에 대해서는 현재 논란이 많으므로 좀더 검토가 필요할 것이다.

이상과 같은 점에도 이 책은 유익한 내용을 많이 담고 있다. 양반 계층의 형성을 둘러싼 조선시대 사회사가 이만큼 잘 정리되기도 쉽지 않다. 우리 역사에 관심이 많은 독자라면 이 책을 통해 양반 신분의 형성사를 흥미롭게 살필 수 있을 것이다. 그리고 우리 연구자들에게는 일본인 학자의 한국사 시각을 파악하는 데도 좋은 자료가 되지 않을까 한다.

이 책은 1995년 말 서울대학교 국사학과 선배에게서 소개를 받았다. 책을 검토한 결과 비록 분량은 적었지만 당시까지 나온 국내의 조선시대 양반 관련 책보다 충실한 내용을 담고 있어 대단한 흥미를 느끼게 되었다. 당시 역자의 일본어 실력도 대단하지 못했지만 조선시대 전공자로서 이 책을 번역하지 않으면 안 된다는 책임감에서 겁 없이 번역을 맡겠다고 덤벼든 기억이 있다. 번역 과정에서 우여곡절이 적지 않았지만 주위 분들의 격려에 힘입어 번역을 마치게 되었다. '도서출판 강'에서 1996년 여름 출판한 이후 많은 한국사 강의에 참고서로 채택되고 조선시대 관련 연구에도 적지 않은 도움을 주는 등 다소 기여하는 것을 보고 작은 보람을 느끼기도 하였다.

이 책을 번역한 이후 역자는 조선전기 신분사에서 조선시대 군사사로 연구 분야를 바꾸었지만 언제나 이 책에 대한 기억은 강렬하게 남아 있다. 이제 미야지마 히로시 선생님이 정년을 앞두고 다시 이 책을 내게 되니 감회가 새롭다. 미야지마 히로시 선생님의 많은 학문적 성취와 건강을 진심으로 기원한다.

2014년 2월

노영구

찾아보기

ㄴ

ㄷ

ㅅ

ㅇ

ㅈ